国家出版基金项目
NATIONAL PUBLICATION FOUNDATION

古音有無上去二聲辨

周祖謨◎著

山西出版傳媒集團
山西人民出版社

圖書在版編目（CIP）數據

古音有無上去二聲辨 / 周祖謨著. —太原： 山西人民出版社，2015.3
（近代名家散佚學術著作叢刊 / 許嘉璐主編）
ISBN 978-7-203-08967-4

Ⅰ. ①古… Ⅱ. ①周… Ⅲ. ①漢語－古音－音韵學 Ⅳ. ①H11

中國版本圖書館CIP數據核字(2015)第037129號

古音有無上去二聲辨

主　　編　許嘉璐
著　　者　周祖謨
責任編輯　梁晋華

出 版 者　山西出版傳媒集團·山西人民出版社
地　　址　太原市建設南路21號
郵　　編　030012
發行營銷　0351-4922220　4955996　4956039
　　　　　0351-4922127（傳真）　4956038（郵購）
E-mail　sxskcb@163.com　發行部
　　　　　sxskcb@126.com　總編室
網　　址　www.sxskcb.com

經 銷 者　山西出版傳媒集團·山西人民出版社
承 印 廠　山西出版傳媒集團·山西人民印刷有限責任公司

開　　本　700mm×970mm　1/16
印　　張　5
字　　數　41千字
印　　數　1—3000册
版　　次　2015年3月　第1版
印　　次　2015年3月　第1次印刷
書　　號　ISBN 978-7-203-08967-4
定　　價　15.00圓

《近代名家散佚學術著作叢刊》編委會

出版説明

近代名家散佚學術著作叢刊選取一九四九年以後未再刊行之近代名家學術著作共一百二十册，編例如次：

一、本叢書遴選之著作在相關學術領域具有一定的代表性，在學術研究方向、方法上獨具特色。

二、爲避免重新排印時出錯，本叢書原本原貌影印出版。影印之底本皆經專家組審定，原書字體大小，排版格式均未做大的改變，原書之序言、附注皆予保留。

三、本叢書分爲八大類，以作者生卒年編次。

四、爲使叢書體例一致，本叢書前言後記均采用繁體字排版。

五、個别頁碼較少的版本，爲方便裝幀和閲讀，進行了合訂。

六、少數學術著作原書内容有個别破損之處，編者以不改變版本内容爲前提，部分進行修補，難以修復之處保留缺損原狀。

七、原版書中個别錯訛之處，皆照原樣影印，未做修改。

八、所選版本之抽印本頁碼標注，起始至所終頁碼均照原樣影印，未重新編排標注新頁碼。

由於叢書規模較大，不足之處，殷切期待方家指正。

總序／

披沙瀝金，以爲鏡鑒

◇許嘉璐

多年來有一個問題始終在我腦中盤桓：爲什麼在十九世紀末到二十世紀初，在短短的幾十年裏，中國的各個學術領域竟涌現了那麼多大師級的人物？這是中國近代史上一個極爲重要的現象，我認爲，如果不能給出令人滿意的答案，我們撰寫的近代學術史將是不完整的，甚至是缺乏靈魂的。後來我知道，著名人類學家克羅伯曾提出過一個問題：爲什麼天才成群地來？看來這種現象的出現並非中國所獨有，思考其所以然的也大有人在。而在那一次世紀之交中國的情況，似乎應驗了「天才成群地來」這個令克氏久久不解的疑問。錢學森先生曾從相反的方向提出了相同的疑問：爲什麼我們這個時代出現不了杰出人才？後來人們稱這個問題爲「錢學森之謎」。

要回答這些疑問不是件容易的事。與其迅速地囫圇地探尋，不如先多了解那些讓中國近代學術（應該包括人文科學和自然科學）史上閃耀着光輝的大師們的作品和自述，從而在腦海里盡量「復原」他們所處的環境和在那種環境下的心理路徑，從中或許可以得到一些啓示。

有一點是顯然的，這就是他們雖然都已遠離塵世而去，但是他們獨立思考的品性、求知治學的真誠、困厄窮愁中對節操的堅守，恐怕是他們共同的主觀因素，一直影響到現在，而且將會永遠留存下去。

就思想界、學術界而言，二十世紀上半葉是一個新説和舊説碰撞，中學和西學融匯的大時代。那時的學人極爲重視言行操守，同時具備現代知識分子的理想信念；他們的學術研究十分純净，絶少功利因素；他們的視界開闊，以包容的心態和嚴謹的風格造就了成果的大氣與厚重。至於在客觀因素一面，他們實際是在用工業化時代的事實解説着太史公所説的名山之作「大抵聖賢發憤之所爲作」，困厄苦難使得他們「皆意有所鬱結」。這種鬱結，幾乎和個人的名利毫無牽涉，他們永遠不能釋懷的，是民族的存亡、國運的興衰、民衆的福禍和文脈的續斷。

那個時代也是近代歷史上最大規模的中西古今學術調適、創新的時期，學術方法上的交互滲透和融合、創新亦可謂「於斯爲盛」。斯時之學人是要在封閉的屋墻上鑿出窗子的勇士，是使人能够看看外部世界的第一批導夫先路者；或者可以説，他們是在「意有所鬱結」時「彷徨」和「吶喊」的「狂人」。

相對於那時的哲人們，後來者是幸運兒。現在的形勢是，近三十年來學界空前繁榮，衆多學科有了長足之進，其中很重要的一點是學界有了更新穎、更廣闊的國際視野，似乎接續上了百年前的學壇盛事。但細想想，「古」與「今」還是有差別的。其异，主要不在於世界情勢、學術進展、工具改善這些客觀存在，而在於在廣泛吸收各國優長的同時，自身文化的主體性越來越受到重視，換言之，「拿來主義」已經延長了「拿來」的程序，加上了試用、甄别、篩選、吸收、融合、成長。就我孤陋所見，在當今地球上，面向所有異質文明，努力汲取我之所缺，其範圍之大和心態之切，似乎無出中國之右者。從這個角度説，我們已經超越了前輩。但是事情還有另外一面，學術，特别是人文學科，其職業化、「沙龍化」和功利性，以及隨之而來的浮躁病却嚴重了。從這個角度説，是不是我們已經後退得够可以的了？而這是不是我們這個時代出不了大師的原因之一呢？

民國學術界的特點之一是極爲注重對傳統的反省、批判與繼承。他們對傳統文化盡最大的努力進行整理和研究。一方面，由於戰亂頻仍，民不聊生，學者們擔起了讓中華文化薪火相傳的歷史責任；另一方面，他們要通過對中國傳統文化的整理、挖掘來重振民族自信心。這一時期對傳統文化進行整理的全面而深入是前所未有的，舉凡文字學、語言學、經濟學、法學、哲學、政治制度、書法繪畫、金石學……規模之宏大，研究之精微，令人嘆爲觀止。

民國學術推動了現代學科體系的建立。在對傳統文化整理和研究的基礎上，吸收西方的文化思想和理念，推動和建立了中國現代學科體系。例如，在對語言文字和音韵學成果進行整理、研究的基礎上開始着手規範之，建立了國語學；深入研究書法、國畫，將其融入了現代美術學科；在廢除舊有學制後逐步建立起小、中、大學較完整的科目和學科體系。

民國學術也改變了傳統學術方式，建立了新的研究範式。以現代科學考古爲發端，科研的實踐和成果使中國知識界真正認識到在實驗、比較基礎上的邏輯分析對學術研究的重要，推進了中國學術的一大演變。至於我們常説的打破士大夫傳統、走出書齋到田野鄉村和市民中進行調查研究、結束了經學時代、以歷史眼光檢視儒學和諸子等等，都是確立新學術範式的努力。這一轉變，也標誌着中國學術界脱胎换骨，全面進入了現代，爲此後的學術發展奠定了堅實的基礎。當然，西方啓蒙運動以來，在「現代性」和「現代化」裏潛伏着的缺陷和謬誤也傳到了中國，這些不能不在前哲的著作裏留下痕迹。這並不奇怪。類似的情況，古往今來孰能免之？猶如今天的我們，誰敢自稱我之所見就是永恒的真理？在這個問題上兩個時代所異者，或許就在昔時大家創立新説或譯註西學著作，往往是懷着對學術和前哲的敬畏而爲之，故而常常誤不在我；當今則往往出於對學問和他人的輕蔑，或以所研究的對象爲謀己的工具，因而難辭主觀之咎吧。翻閲他們的心血之作，這些復雜的狀況可以顯見，可以視之爲我們的一面鏡子。

滄海桑田，世事變幻，歷史的動盪和時代的遮蔽，使當年許多大師的一些極有價值的學術著作被棄於故紙堆中，不能不令人有遺珠之憾。爲此，山西人民出版社不惜以數年之艱辛，披沙瀝金，編輯出版這套近代名家散佚學術著作叢刊，凡一百二十册，計文學、史學、政治與法律、美學與文藝理論、民族風俗、宗教與哲學、經濟、語言文獻共八大類别。所選皆爲作者之純學術著作，無論是其見解、精神，抑或是其時代烙印，都是後輩學人可資借鑒的寶貴財富。他們出版這套叢書，意在讓世人不忘來程，知篳路藍縷之不易，爲民族文化的傳承再增薪木。

出版社的初衷，與我近年來所思所慮近似，故願略述淺見於書端，以與策劃者、編輯者和讀者共勉。

二〇一四年七月六日
改定於自安東回京途中

前言／二十世纪学术大厦散落的珍贵基石

◇李明君

二十世紀前期，注定是中國學術研究跨入現代科學發展風雲際會的時代，它基本上奠定了本世紀學術大厦的基礎。

進入二十一世紀後，當我們站在輝煌學術大厦的頂端，躊躇滿志地回眸近百年學術成果的時候，在大厦的上空，似乎迴旋着一種久已消逝的聲音；在大厦的背後，似乎散落着一些久已塵封的基石——它們，便是一些散佚的二十世紀前期的學術著作。這些在當時乃至後來都産生過重大影響的名家學術著作，一九四九年以後，基本上没有在大陸再版，因而逐漸沉没在忘卻的海洋裏。

七八十年之後，當我們拂去灰塵，重新審視這些散佚的學術著作時，才發現它們的價值是如此的珍貴，成果是如此的豐厚，研究是如此的深入，而傾注的情感又是那麽的深沉。重讀這些經典，仿佛是聆聽這些儒雅的學者給我們講述民國學術的蹉跎歲月，唤醒了我們久已淡忘的歷史記憶。

一、西學東漸與承前啓後

二十世紀前期，西風東漸，中西文化交流擴大，新知識、新觀念大量涌入我國。倡導科學精神與采用科學研究方法，不僅衝擊了中國原有的知識體系和思想觀念，更爲現代學術思想的更新和研究拓展了空間。

這一時期的學術研究集中地體現在繼承、清理傳統學術的「承續先哲將墜之業」和「開拓學術之區宇，補前修所未逮」（陳寅恪王静安先生遺書·序）兩個方面。學者們既是傳統學術的繼承者，又是現代學術的開拓者。

二、清理拓荒與學術奠基

辛亥革命之後，社會文明進步，文化教育普及，學術研究也力求使高深的學問向普及的大衆化知識轉化。故而，其時以基礎的和通論性的著作爲多見。

例如，邵鳴九的國音沿革六講、胡以魯的國語學草創、羅常培的國音字母演進史、吴貫因的中國文字之起源及變遷以及王力的漢字改革等即屬此類。

而論點集中的專題性論著，如王力的南北朝詩人用韵考、王光祈的中國詩詞曲之輕重律、白滌洲關中入聲之變化等，則以其研究深入和範疇擴展而更有價值。

這些學人以杰出的膽略、識見、才華，以及對本學科知識的通體了解，破除成見，大膽創新，開創了二十世紀學術發展的新局面。

三、學出多門與新式教育

這些學者們知識豐厚，見解獨到，憑藉着傳統文化的根底和新鋭的西方現代學術觀念，意氣風發地縱横文壇，在多個領域都有建樹。

他們大多具備深厚的國學修養：如夏敬觀爲清光緒年舉人，工詩善詞，兼治經學。盧冀野是曲學大師吴梅的門生，錢玄同爲國學大師章太炎的弟子。

而新式的學校教育和出國留學則直接學習西方科學的理論和方法，爲中國的學術研究注入了新的活力。

本編的作者們大多留學於歐美東洋，有過親炙現代學術導師和受現代學術訓練的經歷。如沈兼士、胡以魯、吳貫因等曾留學日本，王力留學法國，周傳儒有過英國劍橋、德國柏林大學的求學經歷，而王光祈則客居德國十多年，於政治經濟學與音樂學多有研究。

這些學者們歸國以後，或執教於高等學府教書育人，或投身於科研機構潛心工作，爲以後的著書立説進行知識的儲備。

本編中周傳儒、羅常培、顧實的著作即是在大學講義的基礎上創作的，白滌洲的關中入聲之變化也是在陝西關中四十二縣方言調查的基礎上撰成的。由於這些著作經過教學實踐和實地考察，因而研究成果扎實，學術含量深厚。

本編不少作者除音韵研究術有專攻之外：邵鳴九在傳統經學、幼兒教育、日本教育、地方行政教育、院校學科管理方面著述甚多；王光祈有音樂、戲劇、美術、國防、外交、政治方面的譯作論著幾十種；盧冀野於古代戲曲、詞曲、詩歌、小説、散曲、舊體詩等方面也著述豐厚。

民國學者知識廣博，師出多門，不囿一業，是一種非常普遍的現象。

四、資料功夫與科學解釋

王國維先生曾説：「古來新學問起，大都由於新發見。」（王國維最近二三十年中中國新發見之學問）掌握新資料，采用現代科學理論研究新問題，是二十世紀前期學術研究的鮮明特點。

民國初年，地不愛寶，考古新材料如殷墟甲骨、敦煌遺書、西陲簡牘相繼出現，爲現代學術研究提供了豐富的資料基礎。學者們充分利用考古新資料和西方現代音韵學研究的理論及方法，使語言文獻學的研究得到長足的發展。

例如，周傳儒的甲骨文字與殷商制度就利用了殷墟考古出土的甲骨文資料，魏建功的十韻彙匯編資料補並釋則利用了國內外的敦煌石窟、高昌古城發現的古韵書新資料。

而胡以魯采用現代人類學、心理學、生理學理論對語言的發生、變化以及口舌發音的科學解釋，王光祈將我國「平聲」之字與近代西洋語言之「重音」與古希臘文字之「長音」的比較，以及白滌洲采用幾十幅圖表反映關中方言入聲變化規律的研究，都令人耳目一新。

這些學者們在研究問題時采用的資料之豐富、理論之新穎、考察範圍之廣袤、考釋方法之縝密，都是傳統研究者所難以達到的。

五、良好的學術環境與端正的學術風氣

經過了六七十年的時空距離，我們似乎不得不承認一九二七年至一九三七年的這十年，雖然社會動盪、戰亂時起，但卻是中國學術發展環境、學者精神狀態與物質待遇都相對優越的年代。這十年間，中外學術交流頻繁，科學研究興盛，學術成果豐碩。本編作品，基本上都撰成或出版於這十年。

這期間學術研究的繁榮與發展主要表現在以下諸方面：

（一）前輩學者對新學者的推崇獎掖

民國初期，前輩學者對青年學子的獎掖成爲風氣：梁啓超就盛贊清華國學院學生王力的中國古文法爲「精思妙悟，可爲斯學辟一新途徑」。章太炎也稱譽胡以魯的新著爲「精微畢輸，黃中通理，其用心可謂周矣」（章炳麟國語學草創序）。而當時的胡以魯才僅僅是個留日歸國的本科學士。

（二）學術觀點表達自由，學術争論視爲雅事

學術争論是提高保持學術活力、學術質量，維護學術尊嚴的重要形式。學術争論提倡百家争鳴，以理服人。

學者周祖謨針對音韻學研究中固守舊説的現象，認爲「學者求知，貴得其真，豈可專己守殘，隨聲附和」（周祖謨古音有無上去二聲辨·字辨第五）。顧實也以「發明古籍之奥藴，是正世儒之訛謬」（重考古今僞書考·蔣維喬序）的膽略，重考清代辨僞名著古今僞書考。

學者邵鳴九針對有人視唐代三十六字母與北宋廣韵爲金科玉律的觀點，風趣地説：從周到秦「若説這一千年之中，標準音一些也没有變，姬昌和嬴政竟可促膝而談，相説以解，恐怕没有這種情理」（邵鳴九國音沿革六講）。

那個時候，不僅學術評價實事求是，而且學者之間相互尊敬，有着良好的學術氛圍。例如，沈兼士就「極爲感謝」李方桂、林語堂、魏建功等人對其「右文説」的專函討論，認爲「諸説均足訂補鄙見之不足」（沈兼士右文説在訓詁學上之沿革及推闡附識），體現了一種學人的雅量。

吴貫因針對拼音字母必將取代漢字的時論，力排衆議，認爲「全廢漢字，前途尚覺遼遠」（吴貫因中國文字之起源及變遷）。現代漢字發展證明他的預見是正確的。

（三）學風嚴謹，資料來源清楚

嚴謹的學風與註明資料來源，是學術品德高尚的表現。白滌洲在著作中附録的關中入聲變讀聲調譜部首索引，是自古以來傳統文獻所鮮見，而現代學術著作不可或缺的書籍檢索構成。

魏建功、邵鳴九、王力等學者在引用他人論述時，均説明來源，標明作者的時代、書名、篇章，對引文亦如實迻録，低兩格排印，以示鄭重。既不掠人之美，又無曲解原義。

（四）學風端正，著述言簡意賅

本文作者曾經統計了語言文字編的八九本著作的頁碼與字數：其中頁碼最多、書籍最厚者是胡以魯的國語學草創，一百四十七頁，頁碼最少、書籍最薄者爲王光祈的中國詩詞曲之輕重律僅四十一頁；而書籍字數最多者爲七萬三千多，最少者則不足二萬。

雖然這些書籍都很薄，但在撰寫中卻用力甚勤：學術內容豐厚，書籍章節完備，文字表述精準，毫無浮滑不實的繁言蔓詞和故作深奧的賣弄之嫌。

面對這些沉甸甸的精深之作，反觀時下動輒幾十萬言的「皇皇巨著」，學術水平的高下自然不難判斷。

六、憂患意識與書生報國

「位卑未敢忘憂國」這種偉大的愛國情懷，每當國家危難之時，無論在傳統文人還是在現代知識分子身上都表現得那麽深沉。

的確，在國難之時，挺身而出，積極參與，是一種非常可敬的愛國行爲。即如中國詩詞曲之輕重律的著者王光祈，就積極參加過四川的保路運動和北京的「五四」遊行，籌辦過「少年中國學會」，是一位熱情的社會活動家。廣中原音韵小令定格的著者盧冀野，抗戰期間創作的中興鼓吹曾分贈前綫將士，起到了鼓舞士氣的作用。

然而，就知識分子群體來説，絶大多數人則不可能奔赴疆場，那麽像明末清初的「易堂九子」那樣，「兄弟戚友保聚一地，相與從容講文論學於乾撼坤岌之際」（陳寅恪贈蔣秉南序），就是一種更爲深重地延續文脈、保存國粹的愛國行爲。即如抗戰期間的西南聯大、中央研究院的學者們，在艱苦的條件下，或考察研究，或教學著述，無疑是一種文人的報國方式。

學者王力就將做學問與抗戰聯繫起來，他説：「前方將士正在浴血苦戰的時候，我們這班文人還安享着國家的俸給，清夜捫心，實在慚愧。若對於國家當前的問題，也不肯本平日所學，貢獻所知，則國家養士何用？」（王力漢字改革·自序）知識分子的愛國真情表露無遺。

而像劉半農那樣在考察方言途中染病逝世，像白滌洲那樣，在家中連喪五位親人之後還忍痛遠赴西北進行考察，不久也因病而逝的報國行爲，就更加感人至深，令人唏嘘。

書生報國，鞠躬盡瘁，死而無悔，是那一代知識分子共同的情操。

七、結集出版與刊物發表

出版印刷的興盛爲二十世紀前期的學術繁榮做出了突出的貢獻。民國時期許多優秀的學者如張元濟、高夢旦、王雲五等相繼入主出版，更多的學者如胡適、胡愈之、沈雁冰、葉聖陶等參與編輯。他們氣度豁達，慧眼識珠，出版專著，創辦刊物，編纂文庫，結集叢書，使許多學術新見解和研究新成果得到了及時、多元的表達，加速了學術研究的發展與傳播。

本編的著作大多初版即爲專著。也有一些學者如沈兼士、王力、周祖謨、白滌洲等的著述卻是先發表於刊物，後來才抽印成專著的。這些抽印本有過學術討論的積澱，水平自然可嘉。

二十世紀初，雖然白話文與新式標點曾遭到激烈反對，但它們還是以明了通暢的形式佔據了民國文本形式的主流。本編的作者們大都能較熟練地運用白話文進行寫作，有時「因欲與引证文字相符合」，而不得已采用文言文時還特地加以説明（邵鳴九國語學沿革六講·例言）。這種爲讀者着想的方法無疑促進了中國學術由高深奧妙向大衆「公器」的轉變。

民國書刊的排列雖因時代新舊交替而橫、豎并存，但統一采用新式標點符號，則是學者們引領潮流，與時俱進思想的表現。

撫今追昔，當我們掀開這些泛黄的書頁，看着似曾相識的繁體字，竟萌生出一種撫摸民國學術體温的感動。

他們的貢獻無愧於那個時代，他們的著作堪稱爲學術經典。

是以爲序。

二〇一四年五月十五日於三亞學院

作者簡介

周祖謨（一九一四年—一九九五年），語言學家，字燕孫，北京人，祖籍浙江杭州。他三十年代就讀北大中文系，師從沈兼士、羅常培，一九四九年前主要從事中國文字學、聲韵學、訓詁學、漢語史以及古典文獻學的研究。一九四九年後開始從事現代漢語詞彙和語法的研究，并進一步貫穿古今，研究漢語發展的歷史，同時注意語文教育的一些問題，在古典文獻學方面也有很高的成就。

古音有無上去二聲辨

周祖謨

目錄

述意第一

四聲之名古所未有、學者皆知起於宋齊之世。至於四聲之分、則由來已遠非創始於江左也。觀魏晉之人、為文制韻、固已嚴辨四聲、即上求周秦兩漢之文亦莫不曲節有度、急徐應律、平必韻平、入必韻入、故知字有聲調之別、自古已然。惟古之聲調是否有四、實不易辨。蓋今日欲考古聲調之區分、所憑藉者惟古之韻文而已。然一字之音，今古有異，一字之調，未始無變，執今論古，其事自難。且古人為文取其可歌可誦而已，間有通叶，則一字之為平為仄，乃不能確指，其事又難。是以清人論列古聲調者雖多，終以觀點相異，而所見各殊。或曰古無四聲，或曰古有平上入而無去，或曰古有平上去而無入，或曰古四聲均已具備。斯可謂異說紛緼，雜然並陳矣。然則孰是孰非，不可不論也。

蓋自明陳第倡古詩不必拘於後世四聲之說以後，清初顧炎武方有古人四聲一貫之論。爾後江永服膺顧說，復舉詩中四聲通韻之例為證，由是古無四聲之論乃風靡一時。及至段玉裁始斟酌陳顧之言，草創新義。以為古今聲調本自不同，古四聲之不同於今，亦猶古韻部之異乎今也。此與顧江兩家以為古詩四聲隨在雜叶之說，大異其趣，誠為一大發明。段氏又謂周秦漢初之文有平上入而無去，且曰或以為怪，非好學深思不能知也。其自信之堅如此。段氏之後，孔廣森復創古有去無入之說，雖若可喜，實則囿於方音，非通人之論。迨夫江有誥，始則折中顧段兩家，既而發明古人實有四聲，特其所讀者不畫與後人相同耳。王念孫晚年亦主此論，道咸之際，夏燮闡發尤詳。古四聲之論至此始有定說。然傳之至今，學者猶未肯信。近人黃侃復謂古音不但無去，抑且無上。以為古人僅有平入二聲而已。今之上，古皆作平者也。此又一反王江所論，而蹈襲陳顧之舊。是說一出，承學之士幾茫然不知所從矣。今披尋詩韻及羣經諸子屈宋之文，詳加考覈，深悉古人確有上去二聲。因條辨衆說，閒下己意，非私有阿好，蓋聊示一己之觀點如何而已。

辨古無四聲說不可信第二

古無四聲說，創於明陳季立。季立作毛詩古音考，既明古音與今音有異，復謂四聲之辨，非古所有。其意以為古人之詩既在求其可歌可誦，則平仄互協，不以為嫌，與後世文人之嚴於界畫者不同。舊說必以平叶平，以仄叶仄，反覺其拘。此與其古今音異之論，同為宋代叶音說之一大解放。陳氏之意未嘗一定認為古音無聲調之分只謂古人為詩平與仄可以通協無礙耳顧江每每責其不能固守己說猶扞格於一二四聲之辨以為徒勞脣吻而費簡冊斯亦過矣迨清初顧亭林著音學五書，承其緒論，而立說更加廣泛，以為古詩用韻，四聲一貫，本無平上去入之分。且謂入為閏聲，可轉爲平上去。音論云：「四聲之論，雖起於江左，然古人之詩，已自有遲疾輕重之分，故平多韻平，仄多韻仄。亦有不盡然者，而上或轉爲平，去或轉爲平上，入或轉爲平上去，則在歌者之抑揚高下而已。故四聲可以並用。」又云：「古之爲詩，主乎音者也，江左諸公之爲詩，主乎文者也。文者一定而難移，音者無方而易轉。夫不過喉舌之間，疾徐之頃而已。諧於音順於耳矣，故或平或仄，時措之宜，而無所窒礙。角弓之「反」上，賓筵之「反」平，桃夭之「室」入，東山之「室」去，惟其時也。大東兩言「來」，而前韻「疚」，後韻「服」，離騷一篇兩言「索」，而前韻「妒」，後韻「迫」，惟其當也。」此論可謂剴切著明矣。南宋以來叶音之說，至此廓清殆盡。然而陳顧雖知音有古今之異，而不知字調今古有時相殊。今之讀上者古或與平協，或與本類協。若一字僅與平相協，則此字古必讀平，而不讀上，若一字均與上相協，而不與平相協，則此字古人未必不讀上。若同爲上聲一類，此字古與平相協，彼字古與上相協，是古人二字不同一類，而後者不得與前者相提並論。顧氏第見詩中平仄通叶者多，乃謂古四聲一貫，通爲一音，而未能分別觀省，不知其中四聲之分頗稱謹嚴。今人讀之非一聲者，古人或為一類，而非通協也。此以今證古，終非至當之論。故其說雖可以破宋人舊說之壅滯，然猶無以自立。至於入為閏聲之說，尤背理亂常，悠謬不經。音論云：「詩三百篇中亦往往用入聲之字，其入與入為韻者，什之七八；與平上去為韻者，什之三。以其什之七，而知古人未嘗無入聲也。以其什之三，而知入聲可轉為三聲也。故入聲聲之閏也，猶五音之有變宮變徵而為七也。」此謂古人未嘗無入誠是矣，若謂入與平上去三聲協韻，而入可轉讀為三聲，則非。蓋詩中去入通協者有之，入與平上通協者絕寡。凡顧氏詩本音中所謂上入通為一韻者，往往不同一部；所謂平與入通為一韻者，往往平入分用。既非一韻，又未必同部，平自讀平，入自讀入，不可轉入為平也。如秦風小戎首章二章平入分別畫然，而顧氏必以為通韻，遂改入讀平。又豳風七月六章上入分用不亂，而顧氏謂入可轉上，因定為一韻。是則入或為平，或為上，其通轉無方矣。此說之虛妄，又與宋人之叶音說何異？故詩本音中所謂平仄通協之一類，不合者居多。其所謂古無四聲之說，實不可信。然而篳路初啟，深邃難求。詩韻之部類分辨未精，用韻之方例審視未密，則自然以不同部之字為同部，且進而以此不同部之字，其四聲不同而見用於一章者，為通協矣。顧氏不知古有四聲之分，不亦宜乎。

雖然，顧氏亦非不知其言之過為廣泛，故詩本音於芄蘭首章下注云：「古人音部雖寬，而用之則密，故同一部而有親疏。如此章「支」「觿」「知」平與平為韻，「遂」「悸」去與去為韻（案遂悸與支觿知不同部）而合之則通為一也。干旄二章「旟」「都」平與平為韻，「組」「五」「予」上與上為韻，而合之則通為一也。木瓜二章「桃」「瑤」平與平為韻，「報」「好」去與去為韻，（案報好與桃瑤不同部）而合之則通為一也。（下略）分之而不亂，合之而不乖，可以知其用音之密矣。」此特其一時直覺之所得，終不能動其根本，故雖知平去可分，分之且不亂，然而有所不為者，為陳季立之解放思想所囿耳。

顧氏之後，江慎修著古韻標準，固亦用古無四聲之說，然能明於通變，不苟為附和之論。凡顧氏為求詩韻合諧而別轉一音者，皆不復從。且曰：「顧氏詩本音改正舊叶之誤頗多，亦有求之太過，反生葛藤。如一章平上去入各用韻，或兩部相近之音各用韻，率謂通為一韻，恐非古人之意。小戎二章以合軜邑叶驂，以念字叶合軜邑，尤失之甚者。（見例言）是以書中訂正顧說之誤頗多。至於入轉平上之說，尤斥其謬。標準卷四入聲第一部總論云：「入聲與去聲最近，詩多通為韻。與上聲韻者間有之，與平聲韻者少，以其遠而不諧也。韻雖通而入聲自如其本音，顧氏於入聲皆轉為平為上為去大謬。」由此觀之，江書雖謂古人四聲通用，然已與顧說有異。蓋江氏以為古之平入當各有其本音，此為音素之不同。至於古人為韻，所以四聲通用較廣者，或於抑揚輕重之辨未若後世之著明耳。然標準仍以四聲分卷，似亦未敢斷言古人必無四聲也。

辨古無上去二聲說與詩經用韻不合第三

顧氏之論古無四聲，疏謬既多。及至段若膺作六書音均表，創古四聲不同今韻之說，始加精審。其論古四聲云：「古四聲不同今韻，猶古本音不同今韻也。攷周秦漢初之文，有平上入而無去。洎乎魏晉，上入聲多轉而為去聲，平聲多轉為仄聲，於是乎四聲大備，而與古不侔。有古平而今仄者，有古上入而今去者細意搜尋，隨在可得其條理。今學者讀三百篇諸書，以今韻四聲律古人，陸德明吳棫皆指為協句，顧炎武之書亦云平仄通押，去入通押，而不知古四聲不同今，猶古本音部分異今也。明乎古本音不同今韻，又何惑乎古四聲不同今韻哉。此論識見精敏，足破顧說之滯。因知考古之事，必資於審音，審音細，而後論事切也。段氏之分古韻既校顧江兩家詳密，則其辨識四聲之有無自易。彼謂古音已分平上入三聲誠是，至於古音無去之說，猶與詩韻不盡相合。

考段氏立說之根據，不外二端：一曰詩經用韻，二曰文字諧聲。此固為審音之要路求韻之大方，然而用貴有當，不可牽強。苟析理不精，辨材未密，則隙漏百出。夫即詩經用韻而論，去與平上相協者有之，與入相協者亦有之。去與入相協者，段氏以為古必讀入；與平上相協者，古必讀平上。從文字諧聲觀之，陰聲去入相關者多，陽聲平上去牽連者衆。故凡去與平上相關者，段氏以為古讀平上；與入相關者，古當讀入。因此定古音無去之說。今之去聲，六書音均表或歸入，或歸平，或歸上。然而細心尋案，古音未必無去。以詩經用韻而言，雖去聲有與平上入三聲通協者，而去與去自協者固多。如之魚脂元諸部之去皆自成一類，不可謂古音無去也。若即諧聲而論，去聲字亦有不與他聲相涉者，如東部之弄，元部之貫亂見建贊算，脂部之四罪弃胃對類隶，祭部之外衛敗帶尚繼貝介，支部之解，歌部之坐卧，幽部之就售，宵部之盗，侯部之屚寇，皆難以定其非去。段氏不加詳辨，重其合而不重其分，其誤一也。且夫過信古今聲調有異，而不知古人為詩自有通變，則誤以上去及去入之通協者皆為一類矣。知從偏旁以求四聲之分，而不知偏旁相同者其四聲未必相同（猶之乎同從一聲之字其聲紐不盡相同也），則誤以諸字之由一聲孳衍而來者，皆與其得聲之字共為一聲矣。其失已甚。又況據詩韻與文字諧聲交互以證古四聲之分合，孰為可信，漫無分辨乎？蓋詩之協韻，何者為平，何者為去，其可明者也；文字之諧聲，一音所生諸字是否同聲，其不可明者也。夫不可明者自不能與可明者並論。茍詩之協韻，分畫犂然，則不得復據諧聲之關係，以證其合。段氏重諧聲而不重詩韻，其誤二也。又古韻各部所具之聲調未必盡同，此部無去，他部則否，豈可斷言古必無去。

段氏以一概全，其誤三也。抑有進者：前人論韻均舉詩經及羣經楚辭為證，然而羣經中往往雜有戰國以迄秦漢之作，戰國以後上去二聲均已逐漸具備，前人因三百篇之用韻上去二聲猶有分辨不十分明確者，遂並羣經中分用甚明者而亦揉合之，是忽略事實，强古人以從我，非慎思明辨之道矣。段氏乃謂切韻以前無去不可入，昧於時代之演變，其誤四也。綜茲四端，可知段氏立說雖似牢不可破，其實閒隙尚多。今欲論古四聲，自當以詩韻為主。詩韻有去，而段氏認為無去，是與詩韻不合。於時王念孫為古韻譜，亦從其說，未能正焉。

段氏既謂古音無去矣，而輓近黃季剛先生復倡古音無上之說，亦以詩音及文字諧聲為證。以為詩經用韻上與平通叶者既多，而文字之諧聲其聲子聲母全在上聲者又少，是今之上聲古皆讀平無疑。而段若膺六書音均表所以無去而有上者，一則因詩經上聲連用者多，一則段氏不明詩有數章連韻之例，（即孔廣森所謂續韻例）故未敢斷然定讞。實則黃氏之誤，正與段氏古音無去之說相若。觀其詩音上作平證一文，（見黃永鎮古韻學源流及文藝叢刊）以詩中平上通韻之例為古之本音，極為牽强。蓋詩中上聲分用者多，與他類合用者寡，以寡論多，自不能洽理饜心。又況此雖與平相協，而今韻中與其同為上聲之字，尚有不與平相協者在，又焉能以其在今韻為同類，遂與前者係屬而不分乎？其誤所在，不必詳辨自明。復從文字諧聲觀之，之脂魚幽諸部之上，皆截然自成一類者也。段氏獨能分之，其卓識誠不可沒，黃氏必謂聲子聲母全在上聲者絕稀，故作革新立異之言，又誰能信？其弟子黃永鎮又述其師之説曰：「黃氏更謂上聲初起則在毛公之後，鄭君之前。證明如次：詩揚之水：「揚之水，不流束蒲，彼其之子，不與我戍許。」傳曰：「蒲，草也。」箋云：蒲，蒲柳也。釋文：蒲，如字。孫毓云：蒲草之聲不與戍許相協，箋義為長。今二蒲之音未詳其異耳。正義曰：中略今韻蒲無上聲，漢師之音為韻書所無者多矣。觀此可知蒲在前讀平無上，後讀上，故訓為蒲柳矣。」此舉單文隻義以為古音無上之證，實不可從。況此單文隻義，猶未盡然；案詩揚之水二章言揚之水，不流束楚，彼其之子，不與我戍甫。傳曰：楚，木也。三章言揚之水不流束蒲，彼其之子，不與我戍許，傳曰：蒲，草也。鄭康成以毛傳言楚曰木，言蒲曰草，上下不應，故箋云蒲蒲柳也此訓義之異，與音無涉。（見馬瑞長毛詩傳箋通釋）至晉孫毓為毛詩評，遂以為蒲草字音平，蒲柳字音上，故曰箋義為長。此晉人之肊說，非漢師之舊讀，不可信也。因籀蒲草與蒲柳之訓，不能證毛公讀蒲為平鄭氏讀蒲為上。尤無以證古人蒲字必先讀平，而後復有上聲一音。考詩小雅采薇六章：昔我往矣，楊柳依依。傳曰：楊柳，蒲柳也。據此，又焉知毛公蒲不讀上乎？然而非也，古人蒲字惟有平聲而已。詩中蒲字凡三見：魚藻三章蒲居為韻，韓奕三章租屠壺魚蒲車且胥為韻，均作平聲，此章蒲與許為韻，則平上通協耳。考之兩漢韻文亦均作平聲，如枚乘七發胦蒲膚為韻，司馬相如子虛賦圃蒲蕪苴為韻。馬融廣成頌荼蒲渠于為韻，樗蒲賦都蒲憂為韻，絕無讀上者。而鄭玄東漢人也，受學於馬融，當亦無異。黃氏謂其讀蒲為上，非為孫毓所誤乎？然則古音無上之說，不能成立，昭昭然矣。因論段說古音無去之誤，故附辨之於此。（楊遇夫積微居小學金石論叢詩音有上聲說一文亦訂正黃氏之誤）

證古有上去二聲第四

自段氏創古無去聲之說以後，學者多以爲古四聲不備矣。迨段氏卒後之七年，江晉三始發明古人實有四聲，特古人所讀之聲不盡與今韻相同。有今之上去古讀爲平者，有今之平去古讀爲上者，亦有今韻一聲而古人本有二聲者。江氏因倣顧氏唐韻正之例，爲唐韻四聲正一書，凡古聲與今聲有異者，皆一一爲之辨識，使學者得知古今異同之所在，且有以論古四聲之分類也。其說獨出胸臆，無所因假，故不敢勇於自信，道光二年壬午冬乃寄書與高郵王懷祖，述其所見，藉以請益。略謂古韻廿一部中，其四聲具備者七部：曰之、曰幽、曰宵、曰矦、曰魚、曰支、曰脂。有平上去而無入者七部：曰歌、曰元、曰文、曰耕、曰陽、曰東、曰談。有平上而無去入者一部：曰侵。有平去而無上入者一部：曰真。有去入而無平上者一部：曰祭。有平聲而無上去入者二部：曰中、曰蒸。有入聲而無平上去者二部：曰葉、曰緝。（見唐韻四聲正卷首）此論一以三代兩漢之音爲準，不執今以疑古，不守一以概全，能發前人之所未發。是年王氏殆亦確定古有四聲，（觀壬午夏與丁履恒書可知）故答書云：「接奉手札，謂古人實有四聲，特與後人不同，陸氏（法言）依當時之聲誤為分析，特撰唐韻四聲正一書，與鄙見幾如桴鼓相應，益不覺狂喜。顧氏四聲一貫之說，念孫向不以為然，故所編古韻，如札內所舉顙饗化信等字皆在平聲，偕茂等字皆在上聲，館字亦在去聲。其他指不勝屈，大約皆與尊見相符。至字則上聲不收，惟收去入為小異耳。其侵談二部，仍有分配未確之處，故至今未敢付梓。既與尊書大略相同，則鄙箸雖不刻可也。此書作於道光三年癸未，時王氏已年登耄耋矣。由是可知王氏晚年所見與江氏不謀而合。顧其書未刊，後人不得其詳。近年始見其遺稿中之西漢韻譜，其中分判四聲甚密，藉此得知其立說之梗概。以其晚年所定廿二部言之：廿二部之說見與丁履恆書及劉逢祿詩聲衍支脂之魚侯幽蕭七部，四聲皆備者也。東冬蒸侵談陽耕真諄元歌十一部，則有平而無上去入。質月二部，有去入而無平上。合緝二部，僅有入而已。詳見吾友陸宗達先生王石臞韻譜合韻譜遺稿跋此與江氏之說大抵相同，惟陽聲未分上去二聲，是所異耳。

夫王江兩家能知古有四聲，誠為段氏之後一大進步。然而兩家對於古人所以確有四聲之故，猶未闡發。至道光二十年當塗夏嘯甫為述韻，始道其詳。

夏炘夏燮嘗與江晉三為友而述韻中無一字論及江書江氏唐韻四聲正道光七年刻夏燮蓋未之見撮要言之，約有三證：見卷四一、古人之詩，一章連用五韻六韻以至十餘韻者，有時同屬一聲，其平與平入與入連用者固多，而上與上去與去連用者亦屢見不鮮，若古無四聲，何以四聲不相雜協？是古人確有四聲之辨矣。二、詩中一篇一章之內，其用韻往往同為一部，而四聲分用不亂，無容侵越，若古無四聲，何以有此？是四聲分用之例，即判別古韻部有無四聲之確證也。三、同為一字，其分見於數章者，聲調並同，不與他類雜協，是古人一字之聲調大致有定。苟古無四聲，則不能不有出入矣。即此三事，足以輔贊王江之說，亦可證顧江段孔之言尚非通論。茲擧夏氏所列詩中一章四聲分用之例，以明古人之嚴於審音：

脂部

邶風谷風二章 遲違畿 平 薺弟 上 平上分用

小雅節南山五章 惠戾屆闋 去 夷違 平 平去分用

小雅大田三章 萋祁私 平 穉穧穟利 去 平去分用

小雅采菽五章 維葵 平 膍戾 去 平去分用

之部

鄘風載馳四章麥極入尤思之平　平入分用

魏風園有桃二章棘食國極入哉其矣之之思平　平入分用（矣上聲字）

小雅六月二章則服入里子上　上入分用

小雅采芑一章芑畝止試止上　翼奭服革入　上入分用

小雅我行其野三章葍特入富異去　去入分用

小雅大田一章戒事去耜畝上　上去分用（案夏氏未舉此例）

幽部

邶風谷風五章慉讎售去　鞠覆育毒入　去入分用

豳風七月六章薁菽入棗稻酒壽上　上入分用

宵部

衛風氓五章勞朝平暴笑悼去　平去分用

魚部

小雅斯干三章閣橐入除去芋平　平入分用

小雅十月之交四章徒夫平馬處上　平上分用

大雅韓奕五章土訏甫噳虎上　居譽去　上去分用

矦部

唐風綢繆二章芻隅平　逅逅上　平上分用

小雅巧言五章樹數去口厚上上去分用

東部　商頌長發五章共共厖龍平勇動竦總上平上分用

真部　大雅桑柔二章翩泯平燼頻上平上分用

諄部　小雅小弁六章先墐平忍隕上平上分用案夏氏未舉此例

元部　大雅民勞五章安殘平綣反諫上平上分用

此四聲分用例之見於詩經者。而羣經諸子楚辭秦刻石亦往往有之，如：

陽部　墨子七患當殃平仰養仰養上平上分用

楚辭遠遊行鄉陽英平壯放去平去分用

宋玉舞賦裝芳揚方平仰往上悵象去平上去分用

耕部　莊子在宥聽靜正去清形精生平平去分用

韓非子主道令命定去情正名形情平平去分用

支部　秦琅邪臺刻石帝地懈去辟易畫入去入分用

脂部　宋玉高唐賦氣鼻志淚瘁磓去隤追平平去分用志之部字

之部

秦石鼓靈雨癸□濟上 洎逮去 上去分用

易賁象傳疑尤平 喜志去 平去分用

易大畜象傳災尤平 志喜去 平去分用

荀子賦篇雲塞偪□塞入 忌置去 去入分用

韓非子揚權富代去 殆子起上 上去分用

呂覽君守恢恢疑來平 識事備去 平去分用

呂覽任地時時謀時平 治富去 止起倍上 平上去分用

秦琅邪臺刻石始紀子理士侮上 事富志字載意去 上去分用

楚辭天問市姒上 佑弑去 上去分用

楚辭惜誦恃殆上 志態去 上去分用

楚辭懷沙怪態去 采有上 上去分用

魚部

管子內業舍圖度去 下所上 上去分用

管子度地下距上 汐作入 把鋪女野上 上入分用

呂覽任地逆慕薄郄入下苦下處上　上入分用

楚辭離騷夜御去下予佇妒馬女上　上去分用

據此可知古音諸部之上去確與平入分用，學者於古有四聲之說當無疑難矣。由是又可知兩漢之文所以嚴辨四聲者，本有所承，非偶然之事也。王江夏三家之能知古有四聲即由考覈漢人用韻而得夏氏嘗就所分古韻二十部詳加考索，以為古音平上去入四聲具備者，為之脂支幽侯宵魚七類。備平上去而不備入者，為東真文元歌陽耕蒸侵談十類。備去入而不備平上者，為祭至二類。入聲獨用而不備平上去者，為緝一類。此就其大較而言，細分之則其中四聲辨析最明者，為支脂之幽侯魚六部。其平上去三聲確有界畫者，為元部。其餘則宵祭二部去入通用者廣，東歌耕三部上去之屬於平者多。而陽部之去，古人但讀平上，兩漢始有去聲獨用者真侵二部之去，詩中惟與平相協。凡此三韻又幾為平上二聲之專部矣。至於蒸部，羣經諸子所用無上去獨韻者，則古人惟有平聲耳。今就夏氏所說與王江二氏所論，列為一表，以便省覽。

王氏（廿二部）

東（陽聲均無上去）
冬
蒸
侵
談
陽
耕
真
諄
元
歌
支紙忮錫

江氏（廿一部）

東上去
中
蒸
侵上
談上去
陽上去
耕上去
真去
文上去
元上去
歌上去
支上去入

夏氏（二十部）

東上去（上去歸平者多）
蒸
侵上
談上去
陽上
耕上去（上去歸平者多）
真上
文上去
元上去
歌上去（上去歸平者多）
支上去入

至質		至入
脂旨[illegible]術	脂上去入	脂上去入
祭月	祭入	祭入（去入通用者多）
合	葉	
緝	緝	緝
之止志職	之上去入	之上去入
魚語御鐸	魚上去入	魚上去入
侯厚候屋	侯上去入	侯上去入
幽有黝毒	幽上去入	幽上去入
蕭小笑藥	宵上去入	宵上去入（去入通用者多）

觀上所列，陰聲類之具有四聲，三家所見並同。惟陽聲上去之辨未臻一致而已。王靜安先生嘗因王氏之說而創古五聲說以陰陽聲與四聲混為一談非是

古韻二十二部上去二聲字辨第五

古有四聲經王江夏三家之考證，已極明確。惟今人固守段說者尚多，未肯降心相從。推原其故，蓋因古人上去與平相協者及去入相協者並多，畛域難分，故不暇細辨。然學者求知，貴得其真，豈可專己守殘，隨聲附合。若孔顨軒之為詩聲類，不指字之平仄，心知其意猶可，（見詩聲類卷三慶字案）至若丁道久之論古音，謂讀詩必辨四聲是勞心於無用之地，則非至當之論。夫江夏兩家之書，固已精深弘密，獨於古韻部中上去二聲字獨用者有幾，與他類合用者有幾，未遑詳列，其必不與平入為一類之故，猶不能明。今為證明古韻部中確有上去二聲，故不厭繁瑣，尋案詩及羣經諸子屈宋之文，考校古韻二十二部中何部有上，何部有去，何部並有上去，其上若去與平入相叶者為何，其獨用者又為何，不尚空談，而以實例為據。如是則因其有獨用之例，可知古音必自成一類，因其與平入有合用之例，可知古人一字或有二聲，游轉未定，或為古人一時權宜之便，或古聲本與今聲有異。學者苟不以此窒彼，則古音確有上去之故自明。

然而欲辨某字古讀某聲，亦非易事。因吾人所能憑藉者，僅為古之韻文。（聲訓及經

篇異文未必全然可信

夫古之韻文有限，若一字見用之次數甚多，則其聲調易辨；若見用之次數甚寡，則不易矣。且古人一字往往兩叶，或叶本聲，或叶他聲，其果為合韻與否，均難斷定，故論理之根據欲措置妥切甚難。今就其實例，分别歸類，略有折衷而已。昔姚文田著古音諧，已以四聲分判例字，然不辨合用獨用，猶未美備，故不嫌重作矣。

。東部　有平上去三聲

上去聲字古讀平聲例（平聲字古今相同者均省略）

古惟讀平聲（凡上去二聲字，先秦古籍僅與平聲字相協，屢見不鮮，絕無例外者，均參江夏兩家說定為古人惟讀平聲。下放此。）

訟〔詩〕墉訟訟從（行露）〔諸子〕訟從（管子四稱）

寵〔羣經〕凶寵邦功（易師象傳）〔諸子〕共寵（韓非子揚權）

古兼有平聲一音（凡上去二聲字已有獨用之例，而古書中與平聲相協者尚多，今依江夏兩家說姑定為古人兼有平聲一音，是一字二聲也。下放此。）

動　〔羣經〕動應。（易恆彖傳，應蒸部字，凡異部字均以圈識之，下放此）降。騰。同動（禮記月令，降冬部字，騰蒸部字）〔屈宋〕動憑。（登徒子好色賦，憑蒸部字）

用　〔詩〕從用卬（小旻）〔羣經〕龍用（易乾初九）終用（禮記月令）〔諸子〕功用（管子樞言）〔屈宋〕從用（招魂，此從王逸讀）

誦　〔詩〕誦訩邦（節南山）〔屈宋〕誦容（九辯）

上聲字　勇尰幪嗪蓁動有平竦總恐（側書者詩韻未見，僅於羣經諸子屈宋之文見之）

獨用例　〔詩〕勇尰（巧言）幪嗪（生民，幪釋文莫孔反，廣韻莫紅切）勇動竦總（長發）〔諸子〕勇恐（呂覽士容）動恐（管子版法）〔屈宋〕動恐勇（高唐賦）

與平合用例　（上聲字已有獨用之例，而古書中亦偶有一二例與平聲合用者，因見例甚少，不敢定古人兼有二聲，故獨出一類，名曰合用。然與古兼有二聲者相似而實不同，要以所見合用例之多寡為斷。蓋不如是，若以此一二偶見之例為古之本音，則上述獨用之例亦將據此而歸入平聲矣。重合而不重分，誠為大病，顧段兩家均不能免。下去與平合用例放此。）〔詩〕縫、總公、（羔羊，凡合用例中聲調與本類不合之字皆以點識之）蓁雝、（巷阿，蓁釋文布孔反，又薄孔反，又薄公反，夏炘詩古韻表集說列為平聲，今不從）

去聲字　控送巷　誦有平用　種有平用　縱

獨用例　〔詩〕控送（大叔于田）〔諸子〕誦用（荀子天論、誦用二字江夏以為古惟讀平聲）種用（管子權脩）

〔屈宋〕縱巷（離騷）

與平合用例　〔詩〕丰巷送（丰、丰字夏炘列為去聲案釋文芳凶反今定為平聲字）

○冬部　有平聲無上聲去聲獨用例亦未見

去聲字古讀平聲例

古惟讀平聲

降　〔詩〕蟲螽忡降（草蟲）蟲螽忡降仲戎（出車）中降（旱麓）潨宗宗降崇（鳧鷖）〔羣經〕降騰。同動。（禮記月令）降騰。（同上）騰。降通。冬（同上、騰蒸部字、同動通東部字）〔屈宋〕庸。降（離騷、庸東部字）

降中窮憐（九歌雲中君）躬降（天問）

眾　〔羣經〕眾中功。（易解彖傳、功東部字）功。眾（禮記月令）〔屈宋〕眾宮（招魂）

僅見與平相協　（凡上去二聲字無獨用之例，古書中僅有一二例與平相協者，則古人是否讀上去不敢定，附此存疑。下放此。）

宋 〔詩〕仲宋忡（擊鼓、仲宋二字夏炘列為去聲）

仲 〔詩〕仲宋忡（擊鼓）蟲螽忡降仲戎（出車）

○蒸部 有平聲無上聲去聲獨用例亦未見

去聲字古讀平聲例

古惟讀平聲

夢 〔詩〕薨夢憎（雞鳴）興夢（斯干）蒸夢勝憎（正月）

勝 〔詩〕陾薨登馮興勝（緜）勝乘承（玄鳥）〔諸子〕勝應（老子任為）崩勝（管子侈靡）勝應（呂覽論人）應勝（又任數）

乘 〔詩〕乘縢弓綅。增膺懲承（閟宮、綅侵部字）勝乘承（玄鳥）〔羣經〕乘弓朋（左傳莊公二十二年）〔屈宋〕乘烝（招魂亂）

孕 〔羣經〕陵孕勝（易漸九五）

僅見與平相協

○侵部 有平上去三聲

上去聲字古讀平聲例

古惟讀平聲

僭 〔詩〕欽琴音南僭（鼓鍾）僭心（抑）

譖 〔詩〕林譖（桑柔、譖釋文亦作僭）

僅見與平相協

葚 〔詩〕葚耽耽（氓）

諗 〔詩〕駸諗（四牡）

黮 〔詩〕林黮音琛金（泮水）

上聲字 枕簟寑錦甚髧

獨用例 〔詩〕萏。儼。枕（澤陂、萏儼談部字從江晉三說）簟寑（斯干）錦甚（巷伯）〔羣經〕坎。枕窞。（易坎六三坎窞談部字）

與平合用例 〔詩〕寑占。（斯干句中隔韻、見孔氏詩聲類、孔氏云從占之字古並讀若砧上聲今不從占談部字從江晉三說）降。飲寑（無羊、降冬部字）飲。宗（公劉、江晉三謂飲古有平聲、宗冬部字）

與去相協例 （詩中偶有去聲字與上聲字相協者、因見例甚少、去聲亦無獨用例、故古讀如何不敢定、今附上聲存

疑。下放此。）〔詩〕汎髧（柏舟）

去聲字　浸念汎

獨用例　〔詩〕浸念（下泉、詳孔氏詩聲類、浸廣韻有平去二音）浸念（白華）

○談部　有平上去三聲

上聲字古讀平聲例

犯　〔諸子〕犯贍（管子侈靡）

上聲字　檻菼敢啗儼玷貶斬　坎窞剡憯

獨用例　〔詩〕檻菼敢（大車）啗儼枕。（澤陂、枕侵部字）玷玷（抑　玷列談部從江晉三說）玷貶、（召旻、姚文田古音諧列為去聲誤）〔羣經〕坎窞（易坎初六）坎枕窞（又六三）斬剡（禮記雜記下）〔屈宋〕敢憯（九章抽思）

與平合用例　〔詩〕巖瞻惔談斬監（節南山）

去聲字　監有平　濫

獨用例　〔詩〕監濫（殷武、此從江晉三說）

○陽部　詩有平上二聲羣經諸子用韻有去聲

上 去聲字古讀平聲例

古惟讀平聲

亨 「詩」享嘗王疆（天保）享明皇疆（信南山）將享（我將）光享（載見）疆衡鶬享將康穰饗疆嘗將（烈祖）鄉湯羌享王常（殷武）

慶 「詩」蹌羊嘗亨將祊明皇饗慶疆（楚茨）將慶（同上）明羊方臧慶（甫田）粱京倉箱粱慶疆（同上）黃章章慶（裳裳者華）兄慶光喪方（皇矣）嘗衡剛將羹房洋慶昌臧方常（閟宮）「羣經」疆亨疆行常行慶疆（易坤彖傳）疆光慶行疆方行（益彖傳）亨慶行（行彖傳）明行當剛行當慶（履彖傳）慶行（大畜彖傳）光上慶（又頤彖傳）明慶剛祥（困彖傳）當明行慶翔藏（豐彖傳）當慶當光（兑彖傳）慶殃（坤文言）疆慶（儀禮士冠禮）慶疆（同上）明昌慶（大戴禮虞戴德篇）慶讓（禮記射義）讓慶（同上）「諸子」祥殃慶（荀子正論）

饗 「詩」霜場饗羊堂觥疆（七月）藏貺饗（彤弓）蹌羊嘗亨將祊明皇饗慶疆（楚茨）方王饗（我將）疆衡鶬享將康穰饗疆嘗將（烈祖）「羣經」當饗（禮記月令）「屈宋」饗喪（天問）亡莊饗長（同上）

爽 「詩」湯裳爽行（氓）瀼光爽忘（蓼蕭）「諸子」盲聾。爽狂妨（老子檢欲、聲東部字）明聰。顯爽揚（莊子

天地、聽東部字）聾。盲爽狂（呂覽尊師）

鶬

「屈宋」皇鶬鶬翔（大招、鶬從倉聲、疑古惟讀平、鶬亦僅見與平協、故列此。）

讓

「詩」良方讓亡（角弓）「羣經」行讓彊（大戴禮記文王官人）張良常讓讓堂行張（又投壺）讓常殃慶（禮記禮運）慶讓（又儒行）讓慶（同上）「諸子」相王讓明（荀子成相）讓行（管子弟子職）

上

「詩」桑上上（桑中）湯上望（宛丘）上王方（大明）「羣經」上明行（易晉彖傳）上行明行剛（睽彖傳）上行往亨行（損彖傳）傷上（比彖傳）光上慶（頤彖傳）當光上（萃彖傳）當上當長（中孚彖傳）當長上亢（小過彖傳）王上（禮記曾子問）望藏上鄉（禮運）上愴（祭義）王上（坊記）上堂（左傳文二年）兄上（孟子梁惠王上）「諸子」上常（管子侈靡）上攻。（又七臣七主、攻東部字）上通。（又度地、通東部字）長剛旁上行囊防傷揚（同上）「屈宋」望張上（九歌湘夫人）長上彰（天問）

兕

「詩」藏兕饗（彤弓）「羣經」羊盎筐兕償相（左傳僖公十五年）「屈宋」傷倡妄長芳章芳兕羊明（九章悲回風）

葬

「諸子」藏將行方葬行（莊子山木）章明葬彊王亡王（荀子禮賦）

古兼有平聲一音

往　[羣經]行亨往行(易小畜象傳)亨剛亨往(賁象傳)行往亨(大過象傳)上行往亨行(損象傳)[諸子]狂往(莊子在宥)王往(呂覽下賢)

廣　[詩]廣杭望(河廣)[羣經]翔廣(左傳昭公五年)[諸子]房皇彊明方廣行昌(莊子知北遊)

尚　[詩]尚之章兵方(抑)[屈宋]明藏尚行(天問)

象　[羣經]剛長象行(易剝彖傳)[諸子]芒象(莊子至樂)

像　[屈宋]強像(九章懷沙)

罔　[詩]罔之罔之(瞻卬)

僅見與平相協

向　[詩]向藏王向(十月之交)

怲　[詩]上怲臧(頍弁)

抗　[詩]抗張(賓之初筵)

伉　[詩]伉將行(緜)

朗　[諸子]揚行朗長明揚行良養明(呂覽盡數)

障　「諸子」光行障（呂覽勿躬）

竟　「羣經」疆竟梁裳（禮記月令）

枉　「羣經」强枉（大戴禮武王踐阼）

浪　「屈宋」當浪（離騷）

恙　「屈宋」臧恙（九辯）

上聲字

景養雨蕩仰掌廣（有平）泳永梗往（有平）競（有去）罔（有平）黨放長（有平）怳象（有平）像（有平）響賞（有去）

獨用例

「詩」景養（二子乘舟）雨蕩（南山）仰掌（北山）「羣經」罔往（易大壯象傳，罔往或以爲古讀平聲亦可）黨蕩（書洪範）仰放（禮記檀弓上）長養（禮運，案長幼之長與長短之長聲調自古有異觀羣經諸子之用韻幾無例外可知）「諸子」怳象（老子虛心）象往（仁德，象往古亦讀平聲）。勇廣長（三寶、勇東部字）仰養仰養（墨子七患）往象長響（呂覽順說）「屈宋」長像（橘頌）仰往（舞賦）長往（大言賦）

與平合用例

「詩」廣泳永方、（漢廣，夏炘以爲方古有上聲）方、泳亡、喪、（谷風）將、往競梗（桑柔）仰行、（車舝）「羣經」養饗、（禮記禮器，案饗字古多作平聲惟禮記與上聲字協韻似爲後世讀入上聲之濫觴今附此存疑下享字同）養享、（祭義）象饗黨（仲尼燕居）賞殃、（左傳哀公廿八年）（江有誥謂養古有平聲一音今不從）

去聲字

妄病競有上賞有上量尚匠壯放有上望相暢狀愴悵

獨用例　「羣經」妄病（禮記儒行）競病（左傳僖公七年）「諸子」賞棟。（管子七臣七主、棟東部字）量妄（牧民）「屈宋」尚匠（天問）壯放（九章遠遊）望相尚量暢狀（神女賦）

與平合用例　「羣經」相壯陽、（爾雅）「諸子」亡、病（老子立戒）

與上合用例　「羣經」壯罔、（易大壯九三）養、繈、傍（大戴禮保傅）「諸子」狀象、恍、（老子贊元）掌、妄（莊子在宥）「屈宋」悵象、（舞賦）

○耕部　有平上去三聲

上去聲字古讀平聲例

古兼有平聲一音

靜　「諸子」平正靜寧正（呂覽君守）聽靜爭（管子正篇）莖榮生成正平靜（內業篇）

姓　「詩」菁睘姓（杕杜）「羣經」姓明。（書堯典、明陽部字）

正　「詩」名清成正甥（猗嗟）庭楹正冥寧（斯干）平寧正（節南山）「羣經」中。成正淵。（易訟象傳、中冬部字、淵真部字）行正（同人象傳）正情（大壯象傳）亨。正命情（革象傳　亨陽部字）信。正（同上、信真部字）正民。

古音有無上去二聲辨

（屯象傳　民真部字）聽正（需象傳）正命（臨象傳）正命正（晉象傳）井正成（井象傳）正聽（艮象傳）正盈（禮記禮運）正定定聲（樂記）正清寧成生成正姓（緇衣）〔諸子〕平正靜寧正（呂覽君守）形正情性成（勿躬）

定　〔詩〕。天定生寧醒成（節南山、天真部字）平定爭寧（江漢）〔羣經〕定生（禮記禮運）正定定聲（樂記）。

令　〔詩〕令鳴征生（小宛）〔諸子〕耕令（管子輕重己）令請（七臣七主）

敬　〔詩〕庭敬（閔予小子）〔羣經〕敬信。（禮記中庸、信真部字）

性　〔羣經〕成性（大戴禮保傅）寧性靜定（禮記月令）〔諸子〕名形命形性（莊子天地）形正情　成（呂覽勿躬）

命　〔羣經〕正命（易臨象傳）正命正（晉象傳）〔諸子〕名形命（莊子天地）

省　〔羣經〕名省（大戴禮誥志）清省爭（禮記曲禮上）

罄　〔詩〕罄生（蓼莪）

熲　〔詩〕冥熲（無將大車）

挺　〔羣經〕挺扃（左傳襄公五年）

僅見與平相協

上聲字　領騁屏

獨用例　〔詩〕領騁（節南山）領屏（桑扈）

去聲字　定有平姓有平聘政正有平敬有平令有平盛幸命有平靜有平聖徑聽性有平勁

獨用例　〔詩〕定姓（麟之趾）定聘（采薇）政姓（節南山）〔羣經〕正定（易家人彖傳）正敬（訟彖傳）正定（離卦傳）正令（儀禮士冠禮）敬正（大戴禮武王踐阼）聘正（禮記禮運）盛姓（表記）命幸（中庸）敬正（儒行）幸幸（左傳宣公十六年）令定（襄公五年）〔諸子〕靜命（老子歸根）靜正（爲政洪德淳風）令政（管子四稱）定正（心術下）聖正聖正（四時）徑幸（正篇）正靜（内業）正靜定（同上）敬定（同上）定聽（同上）敬靜敬性定（同上）靜正（同上）靜定（同上）命命（弟子職）聽靜正（莊子在宥）靜定（天地）令命定（韓非子主道）正定（揚權）靜命定（同上）聽靜性（呂覽先己）性正令（圜道）命定（同上）勁命（順說）敬令靜定（審應）正敬（期賢）〔屈宋〕靜定（大招）盛命盛定（同上）

○真部　有平上去三聲

上去聲字古讀平聲例

古惟讀平聲

甸　〔詩〕甸田（信南山）甸命命命（韓奕、命耕真兩部兼收）

信　〔詩〕洵信（擊鼓）人姻信命（蝃蝀）薪人信（揚之水）苓苓顛信（采苓、苓從令聲 令耕真兩部兼收）親信（節南山）天信臻身天（雨無正）翩人信（巷伯）〔羣經〕順信賢（易繫辭上傳）信身（下傳）親新信（雜卦傳）仁信敦（大戴禮王言）親信（五帝德）信仁（穀梁傳莊公二十七年）身信（論語學而）

泯　〔詩〕翩泯燼頻（桑柔）〔屈宋〕塵鱗身巾泯（小言賦）

鎮　〔屈宋〕真人（九章抽思）

古兼有平聲一音

引　〔詩〕替引（召旻）〔羣經〕天田年引（儀禮少牢饋食禮）

命　〔詩〕人姻信命（蝃蝀）鄰命人（揚之水）命申（采菽）民人天命申（假樂）天人命人（卷阿）甸命命命（韓奕）人田命命年（江漢）命臣（召旻）〔羣經〕身天命（禮記禮運）神命天（同上）親命（祭義）命天（論語學而）

進　〔羣經〕進親顛（易雜卦傳）

令　〔詩〕顛令（東方未明）令仁（盧令）鄰顛令（車鄰）〔羣經〕令民（禮記月令）

僅見與平相協

燼　〔詩〕翩泯燼頻（桑柔）

慎　〔諸子〕信新慎人身（管子正篇）

上聲字　盡引

獨用例　〔詩〕盡引（楚茨）〔群經〕謹。勉。盡（禮記中庸、謹諄部字、勉元部字）〔諸子〕咞。盡（呂覽任地咞諄部字）

去聲字　電令有平　進有平　命有平

獨用例　〔詩〕電令（十月之交）〔群經〕變。命（禮記郊特牲、變元部字）〔屈宋〕願。進（九章抽思、願元部字）

○諄部　有平上去三聲

上去聲字古讀平聲例

古兼有平聲一音

訓　〔詩〕訓刑。（烈文、刑耕部字）

順　〔諸子〕緍昏順（莊子天地）

僅見與平相協

遯　〔詩〕川焚熏聞遯（雲漢）

古音有無上去二聲辨

閔　〔諸子〕昏閔（老子異俗）閔醇（文順化）

閔　〔詩〕恩勤閔（鴟鴞）

畛　〔詩〕耘畛（載芟）

上聲字　洒　殄　忍　隕　盡　謹　甽　軫

獨用例　〔詩〕洒浼。殄（新臺，浼元部字）忍隕（小弁）〔羣經〕謹勉。盡。（禮記中庸，勉元部字盡真部字）〔諸子〕甽盡。（呂覽任地）〔屈宋〕忍隕（離騷）忍軫（九章惜誦）

與平合用例　〔詩〕隕貧（氓）

去聲字　盼　頋（有平）　問　慍　訓（有平）　亂　（刃　困　絢）

獨用例　〔詩〕倩。盼（碩人，倩耕部字）順問（女曰雞鳴）慍問（緜）訓順（抑）〔羣經〕順刃（大戴禮虞戴德）聘。問（禮記儒行，聘耕部字）倦。困（同上，倦元部字）倩。盼絢（論語八佾）

與上合用例　〔詩〕壼。亂（既醉）〔羣經〕勉。困（論語子罕）

○元部　有平上去三聲

上去聲字古讀平聲例

古惟讀平聲

憲　〔詩〕安軒閑原憲（六月）翰憲（桑扈）難憲（板）番嘽翰憲（嵩高）

翰　〔詩〕翰憲（桑扈）垣翰（文王有聲）藩垣翰（板）翰蕃宣（嵩高）番嘽翰憲（同上）宣翰（江漢）嘽翰漢（常武）
〔羣經〕皤翰（易賁六四）

古兼有平聲一音

反　〔詩〕反幡遷僊（賓之初筵）〔羣經〕反連（易蹇九三六四）〔諸子〕言反（老子任信）

遠　〔詩〕遠然（角弓）管遠（白華）難遠（抑）〔羣經〕遠遷（易繫辭下傳）〔屈宋〕遠壇（九章涉江亂、夏變謂
壇有上聲今未從）

善　〔羣經〕然善（大戴禮哀公問五義）〔諸子〕善安（管子七臣七主）

患　〔諸子〕患端（韓非子揚權）〔屈宋〕聞。患忘完（九章抽思、聞詩部字）

慢　〔諸子〕漫憍慢愆言（荀子正名）

僅見與平相協

獻　〔詩〕燔獻（瓠葉）

巘　[詩]原繁宣歎巘原（公劉）

暖　[屈宋]暖寒言（天問）

建　[羣經]建援（左傳文公五年）

蔓　[屈宋]閒蔓閒（九歌山鬼）

漫　[諸子]漫騫慢愆言（荀子正名）

伴　[屈宋]伴援（九章惜誦）

上聲字　轉卷選簡孌管浼反（有平）遠（有平）墠阪婉踐幝痯勉綣諫衍板罕短蹇斷免產晚熯旱緩顯善（有平）摶楗

獨用例　[詩]轉卷選（柏舟）簡簡（簡兮）孌管（靜女）洒。浼殄。（新臺。洒殄諄部字）反遠（載馳）墠阪遠（東門之墠）婉孌（候人）遠踐（伐柯）幝痯遠（杕杜）反遠（角弓）簡反反（執競）綣反諫（民勞。棠棣詩兩見均作上聲）[羣經]遠短（禮記樂記）謹。勉盡。（中庸 謹諄部字盡真部字）反遠（論語子罕）[諸子]遠反（老子象元淳德）衍蹇（莊子秋水）斷轉免（天下）遠產（管子內業）遠反蹇（荀子賦篇雲）遠反晚（法行）遠反（呂覽情欲）熯旱（同上）旱緩（任地）[屈宋]反遠（離騷 九歌國殤 九章哀郢）顯遠（高唐賦）

與平合用例　[詩]簡、卷悁、（澤陂）阪衍踐遠愆、（伐木。夏燮謂愆有上聲今不從）反幡遷、僊、（賓之初筵）板癉

然、遠管、亶遠諫（板）〔羣經〕善遷、免（禮記曲禮上）班、卷（檀弓下）安、顯（禮運）

去聲字

雁旦泮怨岸宴反有平上粲晏彥爛婉有上孌有上丱見弁選有上貫亂汕衎霰館鍛澗衍有上渙難有平駽

燕展願羨漢慢變患有平面巽倦賤散惴縵辨讌贊觀有平眄

獨用例

〔詩〕雁旦泮（匏有苦葉）怨岸泮宴宴旦反（氓，反有去聲）晏粲彥（羔裘）旦爛雁（女曰雞鳴）婉孌丱見弁（甫田，婉古有去聲）孌婉選貫反亂（猗嗟）粲爛旦（葛生）汕衎（南有嘉魚）霰見宴（頍弁）館亂鍛（公劉）澗澗（同上）旦衍（板）。艾渙難（訪落，此從江晉三說，艾祭部字）駽燕（有駜）〔羣經〕變變面（易革九五上六）願亂（履象傳）變巽（家人象傳）亂變巽（萃象傳）巽願亂（漸象傳）順。願（渙象傳，順諄部字）變願（中孚象傳）變倦（繫辭下傳）爛反（雜卦傳）旦患（禮記坊記）忿。倦怨（同上，忿諄部字）難賤（表記）亂難（緇衣）倦變亂（射義）見散（孟子梁惠王下）〔諸子〕變貫貫亂貫變（荀子天論）變亂貫（成相）惴縵（莊子齊物）辨見（管子白心）亂怨（九守主周）〔屈宋〕霰散見（九章哀郢）賦。亂變讙（大招，賦魚部字）見贊（神女賦）見觀眄（登徒子好色賦）

與平相協例

〔詩〕展去聲袢顏、媛、（君子偕老）館、還、粲（緇衣）漙、婉願（野有蔓草）渙蕑、觀、觀、觀、（溱洧）援、羨岸（皇矣）嘽、翰、漢（常武）〔羣經〕貫然、（大戴禮保傅）傳、倦（論語子張）媛、彥（爾雅釋訓）

與上合用例

〔詩〕慢罕、（大叔于田）〔羣經〕緩、難（易雜卦傳，難去聲）旦顯、（左傳昭公三年）〔諸子〕怨怨善、（老子任契）

賤衍蹇、(莊子秋水)〔屈宋〕變遷、(九章惜誦)摶、爛(橘頌)揵爛(風賦)

○歌部　有平上去三聲

上去聲字古讀平聲例

古惟讀平聲

化　〔羣經〕化宜(易繫辭下傳)施化(大戴禮曾子天圓)〔諸子〕見姚氏古音諧〔屈宋〕他化(離騷)化離(同上)為化(天問)施化(同上)化為(九章思美人)化何(九辯)

議　〔詩〕議為(北山)儀議羅(斯干)〔諸子〕離挫議虧(莊子山木)

古兼有平聲一音

地　〔羣經〕地宜(易繫辭下傳)〔屈宋〕歌地(天問)

義　〔羣經〕義何(易鼎彖傳)頗義(書洪範)〔諸子〕義為(莊子盜跖)義為(韓非子揚搉)〔屈宋〕義差(登徒子好色賦)

左　〔詩〕左瑳儺(竹竿)左左宜(裳裳者華)

僅見與平相協

駕　〔詩〕駕猗馳破(車攻)

破　「詩」駕猗馳破（車攻）

上聲字　我左（平有）彼禍可猗扡哆侈
脞惰墮坐倚踦蘂纚跛

獨用例　「詩」我我（泰離）左我（有杕之杜）彼彼我彼（下泉）禍我可（何人斯）哆哆（巷伯）「羣經」脞惰墮（書皋陶謨）左坐（禮記郊特牲）「諸子」倚踦（莊子養生主）可我（韓非子揚推）可我（管子四稱）「屈宋」蘂纚（離騷）可我（同上）

與平合用例　「詩」我、嗟、（權輿）猗扡佗、（小弁。佗廣韻託何切釋文吐賀反夏炘以爲佗古有平上二音）「羣經」爲墮（公羊傳僖公二十一年）

去聲字　賀佐瓦詈地（平有）義（平有）過（平有）戲僞貨

獨用例　「詩」賀佐（下武）「羣經」地義（大戴禮五帝德）義過（武王踐阼）義過（禮記禮運）地義（同上）義戲（儒行）「諸子」義僞（老子俗薄）貨過（管子四稱）「屈宋」過地（九章橘頌）

與平合用例　「詩」詈歌、（桑柔）「諸子」貨多、（老子立戒）貨過爲、（守微）

與上合用例　「羣經」左、義（禮記表記）跛、差詈（大戴禮保傅）

與入合用例　「詩」地裼、瓦、（斯干。裼支部入聲字）

○支部　詩有平去入三聲羣經諸子用韻有上聲

上聲字
是庳
獨用例　〔羣經〕是是（左傳昭公七年）〔諸子〕庳是（呂覽下賢）
去聲字
解帝揥髢刺（有入）提（有平）繫睨締賜
獨用例　〔詩〕解帝（閟宮）〔羣經〕繫睨（左傳哀公十三年）〔諸子〕地。解（韓非子揚權、地歌部字）解締（九章悲回風）
與入合用例　〔詩〕翟、髢、揥皙帝（君子偕老、髢從也聲當在歌部惟說文作鬄從易聲則在本部）提辟揥刺（葛屨、提釋文徒兮反）帝易（文王、易從鄭讀）帝辟、帝辟、（蕩）〔諸子〕地。賜賜益、（韓非子揚權、地歌部字）帝適、（呂覽下賢）

○至部　有上去入三聲無平聲（此部江晉三夏心伯均謂古有上聲）
去聲字兼有上聲一音
至　〔詩〕禮至（賓之初筵）〔諸子〕水至（管子形勢解）
去聲字
至曀嚏致
獨用例　〔詩〕曀嚏（終風）〔羣經〕示。死。致（禮記儒行、示死皆脂部字、死古有去聲從江晉三說）〔諸子〕致至（管子內業）利。至視。恣。（荀子成相、利視恣皆脂部字）利至（呂覽音律）〔屈宋〕濟。至死。（九辯、濟死皆脂部字古均有去聲）至比。（九章悲回風、比脂部字）

○脂部 有平上去入四聲

去聲字古讀平聲例

古惟讀平聲

畏 〔詩〕嵬畏（何人斯）懷畏（將仲子）畏懷（東山）壞畏（板、壞古有平聲）摧雷遺遺畏摧（雲漢）〔羣經〕畏威（書臯陶謨）歸畏（禮記中庸）

罪 〔詩〕威罪罪（雨無正）威罪（巧言）罪罪（瞻卬）

壞 〔詩〕壞畏（板）〔羣經〕貴歸壞（大戴禮哀公問五義）威壞（左傳文公七年）頽壞萎（禮記檀弓上）

僅見與平相協

嵬 〔詩〕嵬畏（何人斯）

楷 〔羣經〕稽楷推（禮記儒行）

愧 〔羣經〕威愧（禮記儒行）

斐 〔詩〕萋斐（巷伯）

上聲字

煒美荑尾燬邇瀰鷕體死（有去）薺弟泲禰姊泚泚指禮濟（有去）藟濔菲水唯偕火革几韡鱧旨豈矢兕醴隼

泥匕砥履視去有涕爾依神妣皆訿底　胏姊牝鬼比去有稽犕累秕米穖雉弛

獨用例　〔詩〕煒美（靜女）荑美（同上荑古有上聲本江晉三說）餘見王念孫古韻譜（惟載馳之濟閟大田二章之穉穧宜列去聲詳下文）〔羣經〕見王譜（惟易繫辭下傳之利濟禮記坊記之禮利儒行之示死致除外）（諸子）見姚文田古音諧齊部（屈宋）比累水（高唐賦）餘見王譜（惟九章懷沙之濟示宜列去聲）

與平合用例　〔詩〕訿、哀、違、依底（小旻）〔羣經〕濟回、（大戴禮五帝德）水瑰、歸、歸、懷（左傳成公十七年）

去聲字　濟閟肆棄墍謂潰墍紕四畀遂悸穗醉季寐比上有佽棣檖萃蔚瘁柴退訊淠屆利穉穧駟愛妹渭對類襚匱位溉慧內僾逮隧悖戾泣惠翳肄　饋次資貴氣味視上有寐費響慨喟示上有異欲鼻淚碓配悖

獨用例　〔詩〕濟閟（載馳）肆棄（汝墳）墍謂（摽有梅）潰肆墍（谷風）紕四畀（干旄）遂悸遂悸（芄蘭）穗醉（黍離）季寐棄（陟岵）比佽比佽（杕杜）棣檖醉（晨風）萃訊（墓門、訊段氏云宜作誶）萃蔚（候人萃祭部字）旆瘁（出車、旆祭部字）佽柴（車攻）退遂瘁訊退（雨無正）嘒淠屆寐（小弁、嘒祭部字）蔚瘁（蓼莪）穉穧穗利（大田）醉醉（賓之初筵）淠嘒駟屆（采菽）愛謂（隰桑）妹渭（大明）對季季（皇矣）類比（同上）類致（同上）旆檖（生民）匱類（既醉）位塈（假樂）溉塈（泂酌）類懟對內（蕩）寐內（抑）僾逮（桑柔）隧類對醉悖（同上）類瘁（瞻卬）〔羣經〕退遂（易大壯上六）遂饋（家人六二）次資次（旅六二九三、資有去聲本江晉三說）謂內（臨象傳）貴類悖（頤象傳）位愛謂（家人象傳）內貴（蹇象傳）位退悖（解象傳）悖貴（鼎象傳）位快。逮（旅象傳、快祭部字）利濟（繫辭下傳）位氣（說卦傳）內類退（雜卦傳）醉愛（大戴禮文王官人）類悖（同上）退對（禮記曲禮上）對退（同上）大。位（月令大祭部字）味氣（同上）匱遂（同上）位利（禮運）內位（祭義）敂。萃匱（左傳成公九年、敂祭部字）類萃（孟子公孫丑上）［諸子］利至。視悉（荀子成相）昧退類（老子同異）愛費（五戒）貴位（韓非子愛臣）位類醉（揚榷）轡貴（管子牧民）退貴位（四稱）位氣（四時）利濟（內業）饋饋悖（弟子職）退內（同上）利至。（呂覽音律）類悖（審分）對穗（審時）［屈宋］慨邁。（九章哀郢、邁祭部字）濟示（懷沙）喟謂愛類（懷沙亂）至。比（悲回風）濟至。弘（同上）冀欷（九辯、欷去聲）氣鼻志淚瘁磑（高唐賦）貴位配位備。（小言賦、備之部字）悴費（釣賦）

與平合用例　［詩］脆戾（采菽）［羣經］貴歸壞（大戴禮哀公問五義）［諸子］弃稽（管子弟子職）

與上合用例　［詩］穉火（大田）［羣經］禮利（禮記坊記）

與入合用例　［詩］涖率（采芑）惠戾屆闋（節南山）滅戾勩。（雨無正、滅勩祭部字）出瘁（同上）萃佽肆忽拂（皇矣）疾戾（抑）疾屆（瞻卬）［羣經］逮悖氣物（易說卦傳）內出（禮記月令）［諸子］譁戾（呂覽樂成）

○祭部　有去入無平上

去聲字　敗憩拜說有入厲揭有入帨吠逝害有入帶艾歲外泄邁肺晢袚芾噦噲會愒瘵蠆世勩枂歲翽譪大

祓衛嘒兌駾喙旆曳擘貝沛際廢乂藝蓋閉慧勢泰蔽制臬殺刈穢裔溢汰介薦籟會滯竄祭類埶礚瀱霈
摯蔡

獨用例　【詩】敗憩（甘棠）拜說（同上）厲揭（匏有苦葉）逝害（二子乘舟）厲帶（有狐）艾歲（采葛）外泄逝（十畝之閒）逝邁（東門之枌）肺晢（東門之楊）祋芾（候人）艾晣噦（庭燎）噲噦（斯干）艾敗（小旻）邁寐（小宛）愒瘵邁（菀柳）厲蠆邁（都人士）外邁（白華）世世（文王）翳栵（皇矣）翽藹（卷阿）愒泄厲敗大（民勞）。惠厲瘵（瞻卬，惠脂部字）茷噦大邁（泮水）大艾歲害（閟宮）【羣經】曳掣劓。（易睽六三，劓脂部字）厲貝（震六二）沛沫。（豐九三，沫脂部字）外敗（需象傳）外大際（泰象傳）害敗害晢（大有象傳）際大歲（坎象傳）外害（咸象傳）害大（同上）外大位。害（渙象傳，位脂部字）大廢（繫辭下傳）乂藝（書禹貢）廢世（大戴禮武王踐阼）害大（同上）蓋閉泄（禮記月令）藝說（少儀）外泄（左傳隱公元年）慧勢（孟子公孫丑上）【諸子】廢敗外害泰（荀子議兵）蔽勢制臬厲敗害世（成相）廢敗世害泰（賦篇）大逝（老子象元）害大（仁德）大敗（管子形勢）廢外（版法）敗泄（侈靡）害外泄大（同上）外大貴。（同上，貴脂部字）外害（內業）逝外害（同上）泄敗害（同上）泰敗（七臣七主）勢制（同上）器。制敗（度地，器脂部字）遂。大（地員，遂脂部字）世制（莊子大宗師）內外敗（在宥）大逝（天地）外內大（秋水）歲外（則陽）害敗外（韓非子愛臣）泰害（揚榷）外內愛。（備內，愛脂部字）蓋泄（呂覽音律）外內貴。（下覽)歲大(貴信)歲艾(上農)害大(辯士)穢。殺大(審時 穢脂部字)【屈宋】刈穢(離騷)艾害(同上)裔澨逝蓋(九歌湘夫人)
帶逝際(少司命)害敗(天問)汏滯(九章涉江)歲逝(抽思)厲衛(遠遊)滯介慨。邁穢敗昧。(九辯、慨昧皆脂部字)
。沫穢(招魂)蓋會藹沛帶穢會(高唐賦)旆蓋逝會害逮。滯歲(同上、逮脂部字)世厲(大言賦)大世(同上)蓋
介外(同上)

與入相協例

【詩】梲帨吠(野有死麕)翽邁衛害(泉水)逝邁外蹶(蟋蟀)結厲滅威(正月)秣艾(鴛鴦)翽逝
渴括(車舝)拔兌駾喙(緜)軷烈歲(生民)揭害撥世(蕩)舌逝(抑)舌外發(烝民)旆鉞烈曷櫱達截伐桀(長發)
【羣經】發大害(坤象傳)竄掇(訟象傳)大月物(大戴禮哀公問五義)勸。列埶(禮記禮運、勸元部字)【諸子】察勢
(管子七臣七主)徹祭(弟子職)物歲敗害敗害(山權數)制殺決(莊子在宥)闕敗外(呂覽君守)外察賴害埶世(離俗)
大害越大外賴世揭衛厲折(士容)【屈宋】蔽折(離騷)會磍磕厲濿霈邁喙竄摯(高唐賦)害貝蔡(登徒子
好色賦)

。盍部　有入無平上去

。緝部　有入無平上去

。之部　有平上去入四聲

古音有無上去二聲辨

上去聲字古讀平聲例

古兼有平聲一音

佩　〔詩〕佩思來（子衿）思之佩（渭陽）〔屈宋〕佩詒（離騷）

志　〔羣經〕之志（易革象傳）謀志哉（左傳昭公十二年）志思（論語子張）〔屈宋〕志咍（九章惜誦）期志（抽思）

怠　〔羣經〕時災來怠（易雜卦傳）〔諸子〕怠來（荀子堯問）治怠持（莊子漁父）

上聲字　采友否毋茝有趾子有去沚事有去止汜以侮矣李裏巳久耳齒俟右有去玖涘里杞洧士晦喜有去畝屺鯉耜時有平去祉在芑試有去仕殆宰史使負似梓恥恃紀起理耔薿敏怠有平改婦謀有平秠祀饎式有去入海鮪始釐有平餌醢市侑薹有平鄙等倍徙不蓓晦芷姒痔徵駭

獨用例　詳見王氏古韻譜及姚氏古音諧（試式時事謀釐氂諸字古蓋有上聲）

與平合用例　〔詩〕子尤思之（載馳）哉其矣之之思（園有桃）時謀萊矣（十月之交）裘試（大東）牛右（我將）茲饎子毋（泂酌）茲子（同上）〔羣經〕喜起熙（書皋陶謨）〔屈宋〕詩疑娭治之否欺思之尤之（九章惜往日）

與入合用例　〔羣經〕福毋（易晉六二）

去聲字　背有入痗食有入子有上疚來有平入載有入又喜右有上富有入異輻意戒有入事能有平時有平上識有入誨舊式有上入塞有入寺

倍忌熾試侑字　志有平疑有平備有入祐嗣識有入治有平貸嬉置待殖賚植思有平佩有平代有入祀有入伺餌態期有平怪誒僛

獨用例

【詩】背痗（伯兮）好食（有杕之杜。食有去聲）疚來（采薇）載來疚（杕杜）來又（南有嘉魚）載喜右（彤弓）富異（我行其野）載載（正月）輻載意（正月）來疚（大東）戒事（大田）能又時（賓之初筵。時古有去聲）識又（同上）食誨載（緜蠻）時舊（蕩）事式（崧高）塞來（常武）誨寺（瞻卬）倍事（同上）富忌（同上）富疚（召旻）子疚（閔予小子）熾富背試（閟宮）【羣經】字字（易屯六二）志富載疑（小畜象傳）志備祐（大有象傳）喜志（賁象傳。喜古有去聲）志喜（大畜象傳）志志疑喜祐志（損象傳）志喜疑事志富（升象傳）疑志（兑象傳）事事（小過象辭）備字（儀禮士冠禮）事嗣（士昏禮）覆誡（大戴禮保傅。覆幽部字）志事（勸學）治貸治就。（同上。就幽部字）載事嬉（誥志）富治（同上）能事（同上）載置（投壺）備事事（禮記月令）事氣。待事（同上。氣脂部字）事志（禮器、學記）事志治（樂記）志事（中庸）試事（同上）載幬。（同上。幬幽部字）疚志（同上）誨殖嗣（左傳襄公三十年）食志祐（昭公元年）賚富（論語堯曰）【諸子】富志（老子辯德）事富（淳風）舊備（管子牧民）事植嗣（版法）戒戒異思識備（樞言）待治（白心）備事（同上）事載（同上）來富（禁藏）時事（四時）疑事植（七臣七主）食事（墨子七患）喜備（雜守）忌富待思（荀子成相）事戒識意（同上）事備（同上）忌置（賦篇）來事（同上）佩異（同上）嗣識（哀公）意異（韓非子主道）舊備（同上）能意（同上）能事（揚搉）富代（同上）置祀治置祀（外儲左上）伺餌（外儲右上）事能（呂覽君守）識事備（同上）事喜能（知度）意待（同上）事待（貴當）治富（任地）「屈宋」能佩（離騷）時態（同上）異佩（同上）待期（同上、期古蓋有去聲）識喜（天問）戒代（同上）祐喜（同上）志態（九章惜誦）怪態（懷沙）佩異態娭（思美人）代意置載備異再識（惜往日）右期（悲回風）志喜（橘頌）異喜（同上）怪來（遠遊）意事（卜居）怪備代（招魂）代意（同上）思事意異（九辯）志意記異識志（神女賦）備究。（同上、究幽部字）

與平合用例　「詩」異貽（靜女）「羣經」志富災之試災（易无妄象傳）待尤之（蹇象傳）事來之志之志辭來（益象傳）事試治災治（乾文言）事之志（禮記儒行）「諸子」意菑（管子內業）佩異媒喜（荀子賦篇）備恢恢疑來（呂覽君守）

與上合用例　「詩」里痗（十月之交）里里舊（召旻）「羣經」治事始（易蠱象傳）志士（大戴禮勸學）「諸子」食事士（管子四稱）戒有悔態（荀子成相）

與平上合用例　「羣經」災志憊事否志疑（易遯象傳）憊疑時來久（既濟象傳）「諸子」識疑來止（莊子山木）

與入合用例　來載備戒背代貸富祀諸字每與入聲字相協疑古蓋有入聲今不入此例。「詩」克富又（小宛）棘稷翼億食祀侑福（楚茨）字翼（生民）子德（假樂）疚棘極（江漢）「羣經」載子克（易大有九二九三）志得克福（禮記郊特牲）「諸子」事富克事悔（管子四稱、悔上聲字）德辭事備（荀子成相、辭平聲字）態備忌匿（同上）

〇魚部　有平上去入四聲

上聲字　楚馬筥釜下女處渚與羽野雨土顧有去苦阻怒有去舞俁虎組五予甫滸父武舉所鱮岵鼠户者杜湑踽栩盬黍怙禦鼓夏有去紵語股宇許藇羜酤暇有去寫旅午虞寡祖堵輔沮扈怙暑罟祜胥黼紓咢斝脯圃有去茹吐噳浦緒處稌盬虞瑕且秬魯假酤斧普舍有諸覩敘俎矩賈豫古敔睹序伍社雅俯撫禡拒悟鉅禹寓距廡徂滸圃莽佇寤蕪虡壄姱迓

獨用例　詳見王氏古韻譜姚氏古音諧（顧豫二字古有上聲）

與平合用例　［詩］浦、許（揚之水）舍、車、盱、（何人斯）［屈宋］土都（登徒子好色賦）

與入合用例　［詩］伯、旅（載芟）［諸子］索、所（管子內業）

去聲字　居有平御露夜有入茹據愬怒有上故射有入路袪惡有入固瞿莫有入洳度有入除有平稼固庶作有入茹穫暇有上顧有上譽、舍有上下有上塗有平懼傅赦夏有上詐處有上樹錯作蠹步途有平布具圖污有平倨曙椐柘豫有上虞有去若有入賦數有入著素慮圖有平助鷺醳嘆慕悟暮妒夸璐路假有上

獨用例　［詩］居御（鵲巢）露夜露（行露）茹據愬怒（柏舟）故露（式微）射御（大叔于田）路袪惡故（遵大路）圃瞿夜莫（東方未明）洳莫度度路（汾沮洳）莫除居瞿（蟋蟀）袪居故（羔裘）夜居（葛生）圃稼（七月）固除庶（天保）作莫故故（采薇）茹穫（同上）除莫庶暇顧怒（小明）譽射（車舝）椐柘路固（皇矣）、怒豫（板）度虞（抑）去故莫虞怒（雲漢）若賦

（烝民）居譽（韓奕）惡數夜譽（振鷺）〔羣經〕虞舍（易屯六三）譽故（蹇初六六二）下若（巽九二）慮塗慮慮（繫辭下
傳）度懼故（同上）譽懼（同上）下舍（乾文言）居著（雜卦傳）惡路（書洪範）傅慮（大戴禮保傅）虞懼（文王官人）射譽
（投壺）舍故（禮記曲禮上）顧慮顧固（曲禮下）虞柘（月令）賦下赦（同上）作度固（禮運）夏露（孔子閒居）射譽（射
義）詐虞（左傳宣公十五年）懼怒（昭公二十六年）豫助豫度（孟子梁惠王下）夜夏（論語微子）〔諸子〕居居去（老子養身）
惡處（苦恩）惡故（任為）度固（管子牧民）路惡（同上）惡度助（同上）度赦懼（版法）榭舍圖夜處（四稱、圖古有去聲）居
譽（修靡）惡故（心術上）居舍度（白心）故路（四時）固舍（內業）度圖（同上）度圖慮（同上）固度素（七臣七主）赦錯
故固（同上）據處去惡（莊子至樂）居處（山木）度舍居故（知北遊）懼怍（讓王）居著（天下）固顧去（墨子雜守）顧
故慮（同上）蠹作（荀子勸學）步舍（同上）惡度塗故（成相）惡素（韓非子主道）慮處（同上）惡路（有度）故布
（內儲下）惡舍（揚權）具處（同上）圉度（同上）固詐（呂覽情欲）赦故（音律）固故（下賢）慮譽（同上）助惡（慎行）
度稼（任地）處汚（辯士）〔屈宋〕見姚氏古音諧

與平合用例

〔詩〕著素華、（著）除去芋、（斯干）去呱、訏、路（生民）呼、夜（蕩）〔羣經〕穫畬、（易无妄六二）華、
夫、譽（大過九五）呼、舍固（禮記曲禮上）車、御（禮運）稼漁、（坊記）

與上合用例

〔詩〕野、故（我行其野）擧、圖擧、助補、（烝民）鷺下、舞、（有駜）〔羣經〕故旅、下、寡、處、（易雜卦傳）數

敘、（書洪範）倨矩、（禮記樂記）作土戶、、（禮運）度序、（經解）〔諸子〕故序、（莊子知北遊）夜鼠、（韓非子揚權）〔屈宋〕佇、妒（離騷）女女、、宇惡、（同上）語曙、（遠遊）遽據處語、曙（神女賦）

與入合用例　〔羣經〕處涸、（大戴禮誥志）布索、（禮記月令）〔諸子〕螫據、搏固作嗄（老子元符）舍薄圖舍（管子內業）稼赦獲、（荀子議兵）路澤、（韓非子大體）逆慕薄、郄（呂覽任地）〔屈宋〕語蹠、（高唐賦）

○矦部　有平上去入四聲

上聲字　笱後枸楰耇瘉口厚侮有去　主醹斗后取揄數有去　腐蔀呫藪僂傴俯走詬垢股狗

獨用例　詳見王氏古韻譜及姚氏古音諧

與平合用例　〔諸子〕腐螻、（呂覽盡數）

去聲字　逅味媾豆具孺裕附奏樹數有上　侮有上　漏覯屬　寇聚構鬬湊愁務晝遇竇鮒

獨用例　〔詩〕逅逅（綢繆）味媾（候人）豆飫。具孺（常棣、飫宵部字）樹數（巧言）禡。附侮（皇矣、禡魚部字）樹侮（行葦）附奏（緜）漏覯（抑）〔羣經〕寇媾（易屯六三）寇寇（蒙上九）寇媾（賁六四、睽上九）聚聚（萃彖傳）樹數（繫辭下傳）〔諸子〕構鬬（莊子齊物）數具（墨子雜守）湊構（韓非子揚權）具愁務（呂覽大樂）聚務（音律）

與平合用例　〔詩〕餱具、（無羊）〔羣經〕晝誅、遇（易雜卦傳）竇踰、（左傳哀公十七年）

與上合用例　〔詩〕裕瘉（角弓）

與入合用例　〔詩〕奏祿（楚茨）木附屬（角弓）〔群經〕谷鮒漏（易井九二）束構（大戴禮勸學）〔諸子〕斲豆鬬寇（呂覽貴公）

○幽部　有平上去入四聲

去聲字古讀平聲例

古兼有平聲一音

救　〔群經〕游救（大戴禮武王踐阼）〔諸子〕求憂救（管子宙合）

僅見與平相協

臭　〔詩〕臭孚（文王。臭有平聲，從江晉三說）〔群經〕猶臭（左傳僖公四年）

上聲字　昴誘手老軌牡埽道（有去）醜狩酒鴇首阜好（有去）簋飽缶翿皓懰受慅棗稻壽蚤韭舅咎茂留栲蹂杻草考戊禱鳥苞卯擣昊阜莠柳蹈保寶蓼叟朽茆　牖獸守擾杻嫂

獨用例　詳見王氏古韻譜及姚氏古音譜

與平合用例　〔詩〕昴裯猶（小星）包誘（野有死麕）儦老猶醜（采芑）櫜好醻（彤弓）酒殽（正月）揄蹂叟浮（生民）

首休考壽（江漢）有收（瞻卬）

與去合用例　〔詩〕造考孝（閔予小子）〔諸子〕奧寶保（老子爲道）〔屈宋〕首授記覆究（神女賦，記之部字）

與平入合用例　〔詩〕軸陶抽好（清人）

去聲字　冒好有上報造覺有入褎究猶有平就孝秀覜讎售憂有平繡歗道有上奧竈救有平霤畜授覆

獨用例　〔詩〕冒好報（日月）報好（木瓜）造覺（兔爰）好造（緇衣）好報（女曰雞鳴）褎究好（羔裘）好猶（斯干，猶古有去聲）猶就（小旻）欲孝（文王有聲，欲侯部字）褎秀好（生民）覜究（蕩）讎報（抑）〔羣經〕道欲（禮記樂記）道道欲（同上）奧竈（論語八佾）〔諸子〕笑道（老子同異）事救（歸元，事之部字）報孝（荀子法行）〔屈宋〕好就（九章惜誦）秀霤畜囿（大招，囿之部字）

與平合用例　〔詩〕譸究（小弁）

與入合用例　〔詩〕慉讎售（谷風）

與上入合用例　〔詩〕皓繡鵠憂（揚之水）

與平入合用例　〔詩〕脩歗歗淑（中谷有蓷）

○宵部　有平上去入四聲

去聲字古兼有平聲一音

笑〔詩〕寮囂笑芼（板）〔羣經〕咷笑郊（易同人九五上九）巢笑咷（旅上九）

上聲字　藻潦悄小少摽皎僚糾旄有平鎬蹻有入　繚佼槁窕

獨用例　〔詩〕藻潦（采蘋）悄小少摽（柏舟）皎僚糾悄（月出、僚古有上聲）旄悄（出車）藻鎬（魚藻）藻蹻（泮水）

〔諸子〕佼槁（呂覽音律）

與去合用例　〔諸子〕小、劉、繚（荀子賦篇）〔屈宋〕笑、窕（九歌山鬼）

去聲字　芼樂有入暴笑有平教有平悼倒召膏曜傚罩盜教有平到昭照燎懆紹弔炤耄沼　號有平橈校剽廟朝學

濯妙徼要詔燿鶩傚高有平

獨用例　〔詩〕芼樂（關雎）暴笑敖悼（終風、敖古有去聲）暴笑悼（氓）倒召（東方未明）照燎紹懆（月出、懆從五經文字）膏曜悼（羔裘）傚敖（鹿鳴）罩樂（南有嘉魚）盜暴（巧言）教傚（角弓）到樂（韓奕）昭笑教（泮水）〔羣經〕號笑（易萃初六）橈校（周禮考工記弓人）校剽（同上）廟朝學（禮記禮運　朝古有去聲）濯暴（孟子滕文公上）〔諸子〕妙徼（老子體道）廟校（管子牧民）要效（韓非子揚權）教詔（呂覽君守）〔屈宋〕到照（天問）燿鶩（遠遊）

與平合用例　〔詩〕飄、嘌、弔（匪風）廟、猷（巧言）

與上入合用例　〔詩〕肅、廟、保（思齊）

與入合用例　〔詩〕沼、樂、炤、慘、虐（正月）濯、翯、沼、躍（靈臺）虐、謔、蹻、耄、謔、熇、藥（板）昭、樂、慘、藐、教、虐、耄（抑）〔書經〕虐、傲（書堯典）〔屈宋〕鑿、教、樂、高（九辯，高有去聲）約、效（同上）

由上所列可證詩韻非無上去二聲，第前人不肯細察，故異說歧出，莫衷一是。今觀陽聲諸類有兼備上去者，有有上而無去者。陰聲諸類，則大抵皆備上去入。是古有四聲殆無疑義。至於古四聲之讀法如何，則幾無可考。漢人為經書注音，間為譬況之語，而意殊幽昧，令人難曉。如公羊傳何休注云：伐人者為客，讀伐長言之，齊人語也；見伐者為主，讀伐短言之，齊人語也。此似言舒聲促聲之分。呂覽高誘注云：鬩讀近鴻，緩氣言之。淮南子高注云：轔讀近藺，急舌言之。此似言平去之異。淮南子高注云：駤讀如質，緩氣言之者，在舌頭乃得。此似言去入之辨。然而各類之讀法果當如何，終無由得知。約畧言之，平與入相遠，去與入最近。夫入聲韻尾既有塞聲（-k，-t，-p）則其聲調自較平聲為短為促，故詩中平入通協者少。至於詩中去聲字之與入相協者，大半由入聲轉來，其音亦必相近。考去聲字之來源有二：一自平上聲轉來，一自入聲轉來。（其所以自入轉去者，高本漢以為由於韻尾之失落，其構思雖巧，然不合處尚多，今不詳論。）二者來源雖異，而詩中相協自成一類，是調值相同可知也。前人因去聲字在諧聲上不與平上相關，即與入聲相關，故創古音無去之說。然苟詩音無去，則由入聲轉來之去聲字必不與由平上轉來者相協矣。今既有異，則王江夏三家古有四聲之說非無見也。至若近人猶有謷謷為文以證古無四聲者，適見其拘而已，不復辨焉。

民國三十年二月